一生安心

「お金持ち大家さん」

高橋誠一
TAKAHASHI SEIICHI

PHP

はじめに

少子高齢化が続く日本社会では、年金制度は風前の灯火ですが、それに追い打ちをかけるようなコロナ禍で、これから高齢期に向かう人にとっては将来への不安をどう克服するかが重要なテーマになっています。

私はバブル崩壊の前から、お金持ちの地主さん向けに「財産ドック」というサービスを始めていました。それを一般向けに改良し、老後対策の個人年金づくりとしてスタートさせたのが「お金持ち大家さん」です。

私は誰もが安心して老後を迎えられるこのシステムを、著書とセミナーで広めました。私の話を聞いて「お金持ち大家さん」を始められた人は、すでに1200人以上います。

最初の本を出してからすでに16年が経過しましたが、この「お金持ち大家さん」は相変わらず多くの人たちから支持されています。2005年といえば、「愛・地球博」の愛称で愛知万博が開催された年で、ＹｏｕＴｕｂｅが誕生した年でもあります。アメリカの大統領はジョージ・Ｗ・ブッシュで、日本の総理大臣は小泉純一郎でした。

時代が変わっても、「お金持ち大家さん」が最強の個人年金づくりシステムであることは変わりません。なぜなら、とりたてて専門知識のない人でも定期収入を作るのには、この方法しかないからです。

不動産の需要は社会情勢によって変化しますが、好立地の賃貸住宅需要は常に強含みです。そのような物件を安全率を大きく取った資金計画で取得し、サブリースによる家賃保証と管理委託で運用するのが「お金持ち大家さん」ですから、始める人にとってむずかしいことは何もありません。

今回の本では、章ごとに【事例】を5件ずつ入れ、さらに読みやすくなるように工夫しました。本書を読んで、豊かな老後生活を送る人たちがもっと増えることを祈念しています。

２０２１年８月

高橋誠一

一生安心「お金持ち大家さん」もくじ

第2章　不動産投資はこうすれば儲かります

第3章　不動産投資で失敗する人はここがダメ

第4章 「お金持ち大家さん」の心得

第5章　「お金持ち大家さん」で成功した人たち

第1章

普通の人が安心して暮らせる老後とは

老後資金は、「年金」＋「夫婦で１億円」必要

今の世の中に、「**老後が不安でない人**」はどのくらいいるでしょうか。

すでに十分な資産を持ち、会社役員などの役員報酬が約束されていて、株の配当金収入もあてにできるような人ならともかく、いわゆるサラリーマンで定年後の収入が予測できないような人だと、やはり老後は不安でしょう。

ではどのくらいの準備があれば大丈夫なのでしょうか。

私は、夫婦が健康でいる間は、**年間５００万円**くらいは必要と考えています。

ちょっと多いと思いますか？　でもこれは、ギリギリ生きていける金額ではなく、これまで「中の上」くらいの生活をしてきた人が、みじめな思いをすることなく、**心豊かに生きていくための最低ライン**でしょう。

基本的な衣食住を月額20万円くらいでまかない、医療費や交際費、その他の費用を考えると、そのくらいは必要になると思います。

すると、**老後に必要な資金は、年額５００万円に残りの人生の年数を掛けた金額**になります。たとえば定年から30年生きるとすれば、１億５０００万円。そのうち、公的年金などの定期収入がどれだけ見込めるかで、老後に向けて準備しておかなければならない資金の額が決まります。

高齢者が増え、支える若者が減りますから、年金はどんどん少なくなります。ざっくり考えて、**公的年金だけしか収入のあてがない人は、夫婦で１億円**くらい用意しておかないと、安心はできないでしょう。

ここで、「ああよかった、１億円以上の用意はしてある」という人は、もうここでこの本を閉じてもらっても結構です。

そうでないのであれば、ぜひ私の話を聞いてください。

ところで、1億円の貯蓄があれば大丈夫と言いましたが、実際は**貯蓄を取り崩しながらの長生きはつらいもの**です。残高が減る一方の通帳を見ながら、平気で豪華な食事ができる人はなかなかいません。

本当の意味で心豊かな老後を生きるためには、**貯蓄を取り崩すのではなく、年金と確実な収入で支出をまかなうべき**なのです。

それにはいろいろな方法が考えられるでしょう。

働くというのもひとつの選択肢です。でも、高齢者と呼ばれる年齢になって、安定した給与所得を得るのは簡単ではありません。病気やケガのリスクも若い人よりは大きいでしょう。

配当金収入というのもあるでしょう。しかし、十分な額を安定して手に入れるには、かなり大きな投資が必要ですし、得られる額も保証されたものではありません。

そのほかにも収入を得る方法は考えられますが、スキルや知識、能力や才能が必要なものが多く、個人差が大きくて誰にでも勧めることはできません。

ここでたったひとつ、もう**絶対にオンリーワンといえる老後収入の方法**があります。それが、私が長きにわたってみなさんにお勧めしてきた賃貸住宅投資「**お金持ち大家さん**」です。

でも、「賃貸住宅投資で大損をした人を知っているけど？」と、よく反論されますが、それは間違った方法で投資したからです。

賃貸住宅投資は絶対ではありませんが、**私がお勧めする「お金持ち大家さん」は絶対です。**

その証拠に、これまで私のセミナーに参加し、私の会社でお勧めしている物件を所有した１２００人以上のみなさんは、１人残らず豊かな老後生活を送っています。そして、この私も実践して大きな成功をおさめています。

なぜ「お金持ち大家さん」が確実な老後対策なのか、なぜ他の賃貸住宅投資ではダメなのかについては、これからじっくりお伝えしていきましょう。

お金がなければ長生きしてもつまらない

日本は世界でもトップクラスの長寿国ですが、**お年寄りが幸せかどうか**という点では、トップどころか世界の上位には入れないでしょう。

なぜかというと、２つの理由があります。

ひとつは、**寿命イコール健康寿命ではない**ことです。病院のベッドで寝たきりだったり、誰かに介助してもらわないと生活ができない状態だったりしても、「長生き」には違いありません。

もうひとつは、元気であってもお金がない場合です。年金支給日をあてにして、あとの日はケチケチ生活を送るのでは、**心豊かな老後とはいえない**でしょう。

お年寄りが**「生きがい」を感じながら余生を送るためには、お金が必要**です。

お金がなければ行きたいところに行けませんし、やりたいこともできません。ほしいものは手に入らず、食べたいものも食べられません。

「世の中、お金がすべてではない」と言う人がいます。たしかに、若いうちならお金がないところを知恵でカバーしたり、時間でカバーしたりできるでしょう。

でも、残念なことにお年寄りにはムダにできる時間があまり残されていないのです。

また、「生きがい」を感じるためには、少なくとも**世の中から邪魔者扱いされない**ことが必要でしょう。尊敬されるまでは望まなくても、邪魔者扱いされないこと。そのためにもある程度のお金が必要です。

少なくとも、ギリギリ生きていくだけの収入しかなく、余裕のないお年寄りは、あまり相手にしてくれる人もいないと思います。

だからこそ、**「お金持ち大家さん」でしっかり収入を確保するべき**なのです。

せめて週1回のリッチな外食と年1回の海外旅行を

「豊かな老後ってどんなものですか?」と聞かれたとき、私が答えているのは「**週に1回のリッチな外食と年に1回の海外旅行**」です。

もちろん外食は週に2回でも、月に1回でもかまいませんし、半年ごとに海外旅行に行ってもいいでしょう。

要するに私が言いたいのは、気まぐれに「行きたい」と思ったとき、それが**実行できる経済力を持っている**こと。それこそが「豊かな老後」だと思うのです。

「ちょっと財布が寂しいから、次にしよう」

「もう少しお金を貯めてから行こう」

そんなふうに先延ばしをしていると、実現する前に病気になってしまうかもしれません。自分が大丈夫だったとしても、一緒に行こうと思っていた人がトラブルに見舞われるかもしれません。すると、あとで「あのときに行っておけばよかったな」と悔やむことになるでしょう。

好きなときにリッチな外食をし、定期的に海外旅行に行くような生活を送るには、**公的年金と貯蓄取り崩しの経済力では不可能**です。

毎月20万円から30万円を積み立てられるようでないと、ビジネスクラスでの海外旅行には行けません。年をとったら若者のような旅行はできないと思います。

同様に、外食もちゃんとしたレストランを予約して行きたいものです。そうすることで、健康で生きていることのありがたみをかみしめながら、**もっと長生きしたいという意欲がわいてくる**と思います。

孫たちに十分なお小遣いをあげられますか？

「孫が大きくなったら、遊びに来なくなった」

といった不満を訴えるお年寄りは少なくありません。でもそれは、**お年寄りの経済力によって変える**ことができます。

子育て世代の人たちは、だいたいにおいて金銭的な余裕がありません。いろいろと物入りなのに給料が増えない、ローンを抱えているなど、自分たちの生活でアップアップの状態です。

そこに「**子どもにお小遣いをくれる**」「**生活費を援助してくれる**」というお年寄りがいたら、進んで遊びに行こうと思うはずです。

「おじいちゃんに、あのランドセルを買ってもらおうね」

と、あてにされるようになれば、決して**邪魔者にされることはない**はずです。

歓心を金で買うようだと思うかもしれませんが、今の世の中、倫理観だけで高齢者を尊敬しろというのは無理な話です。

ある「お金持ち大家さん」は、毎月の家賃収入から息子に住宅ローンの補助として10万円ずつプレゼントしています。それも、振込ではなく現金手渡しです。

どうするのかというと、毎月食事会を開き、その帰りに「今月の分」と言って渡すのです。

こうすることで、毎月必ず孫の顔が見られて、**家族みんなが笑顔**になります。お嫁さんも喜びます。

手持ち資金2000万円で老後資金が作れる

私は「お金持ち大家さん」のスタート条件を「**自己資金2000万円**」と「**ローンが組めること**」の2つにしています。よく「1000万円ではダメですか?」と言ってくる人がいます。1000万円でもやれることはあるのですが、「まず2000万円を貯めてください」とお返事しています。

なぜ2000万円なのかというと、十分な頭金がないと、予測不可能な事態で生じる**変動を吸収できない**からです。

賃貸住宅投資の失敗例として一番よく耳にするのは「新築ワンルームマンション投資」ですが、そのほとんどが頭金ゼロのフルローンです。その場合、前提条件が少しでも狂うと、ただちに家賃収入をローンの返済額が上回ってしまいます。

逆に言えば、手持ち資金２０００万円が用意でき、ローンが組める普通の人でありさえすれば、老後資金を手に入れる資格があるということです。

仮にその２０００万円を頭金にしてローンを組み、利回り６％の物件を手に入れたとします。すると、たちまち**年間１２０万円の家賃収入**が得られます。月額10万円ですから、個人年金としてはなかなか優秀です。

さらに、家賃収入を貯め、貯金と合わせて5年以内に**2棟目を購入します**。すると、個人年金の額が倍になります。その段階で、「週に１回のリッチな外食と年に１回の海外旅行」はクリアできるでしょう。

「お金持ち大家さん」にはいろいろなパターンがあり、どれが正解とはいえません。しかし、始めた人はみな、「始めてよかった」と言っています。

普通の人がお金持ちになる方法はたったひとつ

「お金持ち」というのは魅力的な言葉ですが、それを夢みる人は多いものの、現実にお金持ちになる人は意外に少ないものです。実際のところ、中産階級に属する人のほとんどが、お金持ちになれずに一生を終えていきます。

なぜそうなのかといえば、話はシンプルで、**お金持ちになるのは簡単なことではない**からです。普通にサラリーマンだけをやっていたら、大勢いるライバルの中から頭角を現し、役員からトップを目指して会社を富ませることに成功しなければ、お金持ちになることはできません。

また、ゼロからベンチャービジネスを興して成功し、創業者利益を得るというのも、運と才能に恵まれていなければ不可能です。

それなら投資はどうかと思うかもしれませんが、素人が安定して高い利回りを得るような投資案件は簡単には見つからないでしょう。2000万円程度の種銭で安定して収益を得られるような案件があれば、金融機関や投資ファンドが黙っているはずがありません。

以上のことを考え合わせていくと、普通の人がお金持ちになる方法は、**「お金持ち大家さん」以外にない**ことがわかります。

2000万円以上の資金を用意し、ローンが組めるような定職を持ち、私たちのアドバイスに従って物件を購入するだけ。そこには特別な才能も、運も必要ありません。

ではなぜプロの投資集団がお金持ち大家さんに目を付けないのでしょうか。それは、彼らを満足させる規模の投資案件が見つけられないからです。私たちは個人年金を狙っている人を対象とした物件を提供していますが、それは誰にでもできることではないのです。

年金以外に「月に20万円の固定収入」を持ちましょう

「お金持ち大家さん」になって、**月に20万円（年に240万円）の固定収入を持つ**ことに成功すると、あなたの人生は大きく変わります。

もしも公的年金が月額で20万円あれば、合算して年収が480万円を超えます。これで前述した「**心豊かに生きられる老後**」の条件をほぼクリアします。

年収480万円は大して多くないと思うかもしれませんが、子育てが終わっていて、住宅ローンの支払いもない状態で夫婦2人が暮らす場合の480万円は、結構余裕があるものです。

先に挙げた「リッチな外食」や「海外旅行」も夢ではなくなります。

公的年金の額が少ないとか、もっと余裕がほしいというのであれば、もう1棟増やすことで対応できます。実現したい自分の**ライフスタイルに合わせて、計画を拡大**していけるところが、「お金持ち大家さん」のいいところです。

ただし、お金儲けの手段としてのみ「お金持ち大家さん」を利用することは、私たちがお勧めしているライフスタイルから外れます。「お金持ち大家さん」は心豊かな老後を送るためのものなので、あくまでも幸せに生きるための手段として利用していただきたいのです。

とはいうものの、「お金持ち大家さん」を始めた方で、「もうこの辺でいいや」という人は多くはありません。３棟目、４棟目と手を広げた方は、奥さんやお子さんのために次の投資を考える傾向にあります。実際のところ、若いうちに1棟目を持つことができると、その先がとても楽になります。つまり、「お金持ち大家さん」は個人にとどまらず、家族、子孫の繁栄のための魔法の翼になるのです。

アフターコロナにも揺るがない不動産投資

新型コロナウイルスのパンデミックで、世の中は大きく変わりました。
「ウィズコロナ」「アフターコロナ」という言葉が流行し、後戻りのできない変化がそれまでの常識を覆しています。

これは不動産業界も例外ではなく、今までは希少物件だった東京都心の高級オフィスビルがいきなりだぶつき気味になったり、郊外の広めの一戸建て住宅が、都心を離れる若い家族に求められたりしています。

私のところにも、コロナ禍に関する質問が多く寄せられています。
その中で最も多いのが「**コロナ禍で『お金持ち大家さん』は大丈夫か?**」です。

結論から言うと、大丈夫です。

これは少し考えてみればわかることです。コロナ禍でリモートワークが進んだといっても、それは大手企業のホワイトカラーに多くみられるだけで、中小零細企業の事務職や工場労働者などは相変わらず会社に通勤しなければなりません。

彼らのうち、独身の若者はなるべく通勤に便利な賃貸住宅を求めるでしょう。だから都心に近い鉄道路線の駅から徒歩15分以内の物件は、ほとんど空き家になることはありません。

「お金持ち大家さん」は、そういう物件を中心に扱います。つまり、需要の大きなゾーンにある物件を探し、利回り計算をして、投資する人に紹介しているのです。

さらに、**家賃保証**をしますから、投資した人には毎月必ず家賃が入ります。社会がどんなに変化しようとも、便利な立地の住まいを求める人が一定数いれば、「お金持ち大家さん」は未来にわたって成立するというわけです。

事例1

将来に不安のある40代独身女性
福岡にフルローンで1棟購入したが、家賃収入に不満

小山さま（仮名）は化粧品会社に勤務する48歳の独身女性です。

独身であることと、以前に重い病気にかかった経験があることで、将来に不安を持っていました。

現在は年収2000万円と高収入ですが、もしも働けなくなったらという不安から、以前に他社からフルローンでアパートを1棟購入されていました。

お知り合いの紹介とのことですが、物件は福岡にあり、購入価格が8000万円、30年ローンでの購入で、現在の家賃収入からローン返済を引いた差引手取り収入は、月額11万円とのことでした。サブリースが付いていないので、満室であれば月々11万円残りますが、1室でも空室になると月5万円しか残りません。

返済も30年で、家賃が下がることを考えると、老後の年金になるのか不安になった小山

ご購入概要・利回り

名前・年齢	小山さま・48歳
職業	会社員
年収	2000万円
家族構成	ご本人
保有資産	2000万円、アパート1棟

◆ 1棟目

購入物件	木造アパート2階建て
所在地	千葉県柏市 「流山おおたかの森」駅徒歩10分
購入価格	6070万円

⬇

自己資金	2070万円
借入金	4000万円 （借入条件22年、金利1.0%）

家賃収入	月額32万円→年額384万円
借入返済	月額17万円→年額204万円
手取り収入	月額15万円→年額180万円
利回り	6.3%（サブリース）
自己資金運用利回り	8.7%

さまは、私たちの会社と取引のある方から紹介されて、「お金持ち大家さん」のセミナーを受講されました。

さっそく面談を申し込まれたので、私たちは現在お持ちのアパートをすぐに売却することをお勧めしました。理由は、現在でも利回りがかなり低いため、今後、家賃が低下する可能性が高く、今でも低い利回りがさらに下がる可能性があるからです。

小山さまはアパートのほかに、金融商品を約２０００万円お持ちだったので、新たに高利回りの物件を購入することをお勧めしました。

ちょうど私たちの会社で建築中の物件があったので、すでに完成した物件を参考に見てもらい、現地案内もしたところ、気に入ってもらえたのでご購入いただきました。

物件は千葉県柏市にあり、駅から徒歩10分の好立地です。自己資金２０７０万円、借入金４０００万円でご購入いただきましたが、サブリース利回り６・３％、自己資金運用利回り８・７％の好成績を上げています。

小山さまはまもなく2棟目を購入される予定です。

将来の不安はアパート経営で解消
小山さま（仮名）48歳（独身）化粧品会社勤務
将来が不安で…所有している物件は利回りが低いのが悩みです
お持ちの物件は地方都市の立地で、家賃が下がるかも…売却がおすすめです
駅から徒歩10分の好立地物件です自己資金2070万円で購入するのはいかがでしょう
自己資金運用利回り8・7％は好成績ですね
まもなく2棟目を購入予定です！

事例2

別の会社から購入したアパートの収支が気に入らず将来の年金づくりのために新築アパートを新規購入

自営業で年収3000万円と、比較的裕福な暮らしをしておられる大橋さま(仮名)は、48歳の男性です。

かねて将来の年金づくりのために不動産投資に興味を持ち、他社から中古の木造アパートを1棟購入されていました。

ただ、物件が群馬県にあって家賃が低額であることと、入居者の入居・退去時にかかるリフォーム費用がばかにならず、これでは個人年金にならないと悩んでおられました。

縁があって私たちの会社に相談に見えたので、当面リフォームの心配がない新築アパートの所有をお勧めしました。

ご購入概要・利回り

名前・年齢	大橋さま・48歳
職業	自営業
年収	3000万円
家族構成	ご本人・奥様・お子様2人
保有資産	8000万円

◆1棟目

購入物件	木造アパート2階建て
所在地	埼玉県さいたま市 「宮原」駅徒歩8分
購入価格	9450万円

⬇

自己資金	1450万円
借入金	8000万円 （借入条件25年、金利1.0%）

家賃収入	月額49万円→年額588万円
借入返済	月額30万円→年額360万円
手取り収入	月額19万円→年額228万円
利回り	6.2%（サブリース）
自己資金運用利回り	15.7%

物件の所在地は埼玉県さいたま市の宮原駅から徒歩8分という好立地です。宮原駅は大宮の1駅先にあるJR高崎線の駅で、これなら都心に通勤する入居者ですぐ満室になると期待できます。

購入費用は9450万円で、大橋さまは自己資金1450万円、借入金8000万円(借入条件25年、金利1・0%)でこれを購入しました。もちろん完全家賃保証のサブリースを組んでいます。

家賃収入は月額49万円なので年額にすると588万円。借入金の返済が月額30万円で年額360万円なので、差引手取り収入は月額19万円、年額にして228万となりました。

計算するとサブリース利回りは6・2%、自己資金運用利回りは、なんと15・7%という高率となりました。

アパート経営を見直し、新たに物件を購入
大橋さま（仮名） 48歳 自営業
所有している物件は家賃が安く、リフォーム費用もかさんでしまうので利益になりません…
では、新築アパートはいかがでしょう
埼玉県さいたま市の宮原駅から徒歩8分の好立地です 都心に通勤する入居者ですぐ満室になるでしょう
自己資金運用利回りは15・7%と高率になりました
当面リフォームの心配がないのもメリットですね

事例3

自営業の人にこそお勧めの「お金持ち大家さん」。事業が順調なうちにスタートしておくべき

石川さま（仮名）は、自営業でリフォームのお仕事をされている44歳の男性です。20代で独立してから働きづめで、休みは年間に10日ほど。若いうちは無理もききましたが、最近は疲れを感じることが多くなりました。

それとともに心配になってきたのが老後の生活です。身体がいうことをきかなくなったら、国民年金だけではとても生活できません。

じつは、私たちは自営業の方にこそ、「お金持ち大家さん」をお勧めしています。年金の額が期待できず、退職金もない立場で、ケガや病気になればたちまち収入が断たれてしまう自営業の方は、定期収入を持っておくべきなのです。

ご購入概要・利回り

名前・年齢	石川さま・44歳
職業	自営業
年収	1200万円
家族構成	ご本人・奥様・お子様2人
保有資産	2500万円

◆ 1棟目

購入物件	木造3階建てアパート
所在地	埼玉県川口市 「蕨」駅徒歩11分
購入価格	4500万円

⬇

自己資金	1500万円
借入金	3000万円 （借入条件20年、金利1.2%）

家賃収入	月額26万円→年額312万円
借入返済	月額14万円→年額168万円
手取り収入	月額12万円→年額144万円
利回り	6.9%（サブリース）
自己資金運用利回り	9.6%

また、自営業の人は、仕事が順調なうちに「お金持ち大家さん」を始める必要があります。収入が下がってからだと、銀行のローン審査が通りにくくなるからです。

石川さまには、ＪＲ京浜東北線の蕨《わらび》駅から徒歩11分の木造3階建て新築アパートをお勧めしました。物件価格４５００万円で、自己資金１５００万円、借入金３０００万円（借入条件20年、金利１・２％）という条件でご購入いただきました。

家賃収入は月額26万円（年額３１２万円）、借入金の返済は月額14万円（年額１６８万円）なので、差引手取り収入は、月額12万円（年額１４４万円）となりました。

計算するとサブリース利回り６・９％、自己資金運用利回り９・６％です。石川さまはその後、アパートをもう１棟購入され、定期収入の額も増えてきたため、心に余裕ができたと言っています。そのために、仕事でもしっかり休みをとるようになったそうです。

自営業の方のアパート経営は事業が順調なうちに
石川さま（仮名）44歳 自営業（リフォーム）
老後働けなくなったとき国民年金だけでは心もとないです…
アパート経営をいい条件でローンが組める今、始めましょう！
自己資金は１５００万円で、返済分を差し引いても年間１４４万円の収入ですね
その後、アパートをもう1棟購入されたのですね？
はい！ アパート経営で心に少し余裕ができたので、休みもとりながら仕事ができています

事例4

退職金を自己資金にしてアパートを購入。月額18万円の手取り収入を得て、2棟目も計画

久石さま（仮名）は62歳の男性です。今から3年前に「お金持ち大家さん」の本を読んで一念発起し、アパートを買って老後資金を作ることを決意しました。

その当時、59歳だった久石さまは、翌年が定年。退職金は2500万円ほど入る予定でしたが、ただ持っていても目減りするだけだと考え、全額を自己資金にするつもりで私たちの会社に相談に見えました。

私たちがお勧めしたのは、千葉県柏市にある、柏駅から徒歩9分の新築アパートでした。木造2階建ての物件で、価格は6500万円でした。久石さまは予定通り自己資金2500万円、借入金4000万円（借入条件22年、金利1・0％）の条件で購入しました。

ご購入概要・利回り

名前・年齢	久石さま・62歳
職業	会社員
年収	900万円
家族構成	ご本人・奥様・お子様2人
保有資産	3000万円

◆ 1棟目

購入物件	木造アパート2階建て
所在地	千葉県柏市　「柏」駅徒歩9分
購入価格	6500万円

⬇

自己資金	2500万円
借入金	4000万円 (借入条件22年、金利1.0%)

家賃収入	月額35万円→年額420万円
借入返済	月額17万円→年額204万円
手取り収入	月額18万円→年額216万円
利回り	6.4%（サブリース）
自己資金運用利回り	8.6%

サブリースで家賃保証にした家賃収入は月額35万円（年額４２０万円）で、借入返済が月額17万円（年額２０４万円）ですから、差引手取り収入は月額18万円（年額２１６万円）。

久石さまは定年後も再雇用で働き続けることができたため、家賃収入をそのまま貯金に回すことができました。おかげで2棟目の自己資金がもうすぐ貯まりそうです。

退職金を抱えているだけでは、病気やケガ、不測の事態の出費などに怯えながら暮らすことになります。しかし退職金をお金を生む財産に変えた久石さまは、毎月の定期収入という大きな安心を得ているため、豊かな生活を楽しむことができました。

新築物件だったことから、3年経った今でもほとんど補修の必要がなく、サブリースによる家賃保証があるため、安心して「お金持ち大家さん」を続けています。

退職金を自己資金に、定期収入を得る
久石さま（仮名）62歳　会社員
退職金２５００万円を自己資金にアパート経営を始めたいです！
退職金をお金を生む財産に変えましょう
返済分を差し引いても月額18万円、年額２１６万円の収入になりますよ新築物件なので、リフォームもいりません
定期収入があるので安心して豊かな生活が送れています
2棟目の資金ももうすぐ貯まりそうですね

事例5

図書館で「お金持ち大家さん」シリーズを偶然発見。老後の不安を解消するためにアパートを購入

葛西さま（仮名）は、67歳の独身女性です。定年退職した後にご主人に先立たれてしまい、相続と貯金で6000万円ほどの資産があるものの、なんとなく将来に不安を感じていました。

毎日、図書館に通って本を読むのが日課だった葛西さまは、ある日、私の「お金持ち大家さん」シリーズの1冊を手に取りました。

ご自分の不安を解消する方法はこれだと感動した葛西さまは、シリーズの全4冊をあっという間に読破し、私たちのセミナーに参加しました。

ご購入概要・利回り

名前・年齢	葛西さま・67歳
職　　業	無職
年　　収	年金200万円
家族構成	ご本人・お子様1人
保有資産	6000万円

◆ 1棟目

購入物件	木造アパート2階建て
所在地	埼玉県所沢市　「所沢」駅徒歩9分
購入価格	5300万円

⬇

自己資金	2400万円
借入金	2900万円 （借入条件22年、金利1.0%）

家賃収入	月額28万円→年額336万円
借入返済	月額12万円→年額144万円
手取り収入	月額16万円→年額192万円
利回り	6.3%（サブリース）
自己資金運用利回り	8.0%

葛西さまはさっそく、私たちがお勧めする王道である、５０００万円台の中古アパート購入を目指しました。

物件は埼玉県所沢市。西武池袋線と西武新宿線の２路線が使える人気のエリアで、駅から徒歩９分の好立地の物件が見つかりました。価格は５３００万円です。

葛西さまはこの物件を自己資金２４００万円、借入金２９００万円（借入条件22年、金利１・０％）の条件で購入しました。家賃収入は月額28万円（年額３３６万円）、借入返済が月額12万円（年額１４４万円）なので、差引手取り収入は月額16万円（年額１９２万円）となりました。もちろんサブリースによる完全家賃保証つきです。

計算するとサブリース利回り６・３％、自己資金運用利回り８・０％となりました。手持ち資金にはまだ余裕があるので、葛西さまは２棟目を購入してさらに安定した収入を目指すことにしています。

相続と貯金の資産6000万円で老後の不安を解消
葛西さま（仮名）67歳
老後が不安だったとき、「お金持ち大家さん」を読んだのです
ありがとうございます
人気エリアでおすすめの5000万円台の王道物件です自己資金2400万円で購入してみませんか
手持ちの資金にはまだ余裕があります
2棟目を購入してさらに安定した収入を目指しましょう

コラム1

私の本を読んで個別相談を申し込んだ2500人のうち、1200人がアパートを購入しました

私はこれまでに「お金持ち大家さん」シリーズの本を4冊書きましたが、その特長は「誰にでもわかる」ということです。むずかしい不動産用語をいっさい使わなかったために、主婦の人からも好評でした。

本を読んだ人からの個別相談の申し込みは、これまでに2500件ほどありましたが、そのうちの1200人が私たちの会社からアパートを購入しています。それも1棟だけという人はほとんどなく、2棟、3棟と購入する方が多いのです。一番多い人では11棟所有しており、そうした方が3人います。

お客さまの内訳は、サラリーマン、会社役員、大学教授、主婦などと多岐にわたっています。おもしろいのは高収入の人ほど即決で契約することです。豊かな生活を手放したくないという思いと、人生何があるかわからないという不安があるのでしょうね。

第2章

不動産投資はこうすれば儲かります

新築フルローンのワンルームマンション投資は絶対ダメ

アパート・マンション投資で失敗している人の多くは、業者の甘言に乗せられて、よく調べないで契約しているパターンになっています。中でも典型的なのは、**フルローンの新築ワンルームマンション投資**です。

本書の【事例】をよく読んでもらうとわかりますが、私たちのお客さまでもフルローンのワンルームマンション投資に引っかかって、「あわや！」というピンチに立たされた方が何人もおられます。

フルローンというのは、頭金がほとんどゼロで、物件価格のすべてをローンで返済するものです。新築でもワンルームマンションだと総額があまり高くないので、サラリーマンや公務員の人は簡単にローンが組めます。そこが**落とし穴**になるのです。

実際に、投資物件が赤字になってしまい、自分の給料で赤字を補塡してローンを返済している人が少なくありません。それどころか、赤字補塡が追いつかなくなって**自己破産**に追い込まれてしまうケースもあります。

ご本人は「新築できれいだから、入居者は途切れずにいるはず」と思い込むのかもしれませんが、駅からの立地が悪かったり、家賃が高かったり、間取りが魅力的でなかったりすると、意外に空室が続いてしまうものです。

豊かな老後を夢みたはずなのに、老後資金をすべて失った上に、大赤字で自己破産というのでは、人生が台無しです。

なぜそうなってしまうかというと、その手の業者はお客さまに売りつけることしか考えていないからです。私たち不動産投資のプロは、お客さまが儲かり、その結果として自分も儲かる**「ウィン・ウィン」の関係**しか考えていません。

しかし彼らは、売ってしまえば後は野となれ山となれなのです。ローンを組む金融機関も、とにかくローンを組ませて自分の成績を上げることしか考えていないようなところだと、最悪です。ですから、銀行選びも大事です。

私たちは1戸だけのワンルームマンション投資などは勧めません。少なくとも数戸あるいは1棟持って、**空室リスクを分散**する必要があるからです。

そして、**私たちはフルローンを絶対に勧めません**。フルローンだと、金利変動があったり、家賃が下がったりした場合に簡単に赤字になってしまうからです。頭金は、金利変動などによるマイナスを吸収するための緩衝剤なのです。

新築物件をフルローンで勧めるような業者は、**収支計画書もいい加減**なことが多いものです。たとえば、家賃収入がずっと同じ金額で10年以上も続くように書かれていたら、それはでたらめです。物件は経年変化で劣化しますから、家賃もだんだん下がっていくものです。

さらに、数年ごとのリフォーム料金が入っていない収支計画書もときどき見かけます。すると、のちのち「こんなはずではなかった」という出費を強いられます。

少なくとも、賃貸住宅投資では後述する「サブリース」(家賃保証)を絶対条件にしましょう。逆に言えば、サブリースが設定できないような物件は、プロの管理業者が「ここは満室にはならない」と判断している証拠になります。

アパート・マンション投資で最も重要なことは、信頼できる不動産のプロを選び、パートナーにすることです。

キーポイントは「優良な中古物件選び」

お金持ち大家さんで成功するコツは、**満室の続く、利回りの高い物件を持つこと**です。

現在の状況では、私たちがお勧めしている物件の平均的な利回りは６～７％ですが、他社が紹介している新築物件だと、３％くらいにしかならない例もあります。

ですから、**とにかく優良な中古物件を選ぶことがカギ**になるわけです。新築物件が必ずしもダメというわけではありません。それについては後述します。

ところで、中古物件を素人が目利きすることは、ほぼ不可能です。初めて見る物件を短時間観察しただけで、その物件は家賃をどのくらいに設定するのがよいか、その場合の空室率はどのくらいか、今すぐリフォームが必要か、その場合の費用はどのくらいかといった条件を見積もれるようでないと、安心して投資することができません。

また、そのままでは利回りが低くても、何か手を加えることで高利回りの物件に変身させることができるかもしれません。そういう**アイデアを出すのも、不動産のプロの仕事**です。

素人でもできるアバウトな見極めでは、次の３つがポイントです。

①**東京23区**か神奈川県なら**横浜以東**、埼玉県なら**大宮以南**、千葉県なら**柏・松戸以西**のエリア

②駅から最大でも**徒歩15分以内**の立地

③入居者にとって魅力的な家賃が設定できる**中古物件**

これは単身者を想定した条件ですが、ここから外れると厳しくなります。

ファミリー向け物件などは、別の条件も付くのですが、そういう**応用問題は不動産のプロに任せてください。**

賃貸物件の需要は永遠に不滅です

よく、**「少子化で賃貸物件の需要が先細りになるのではないか」**という質問を受けます。

それに対する私の答えは、「全体で見れば空室が増えるかもしれませんが、私たちがお勧めする物件は、満室かそれに近い状態が続きます。なぜなら、入居者にとって魅力のある物件しかお勧めしていないからです」となります。

現在のように個人所得が伸び悩んでいる状況では、持ち家率は下がっていくでしょう。すると、賃貸住宅を選ぶ人が増えるわけです。そのとき、**駅に近くて家賃の安い物件**を持っていれば、とても有利なはずです。

したがって、駅に近い中古の物件を安く購入することができれば、それが常に満室の続く高利回り物件になるわけです。

現在のコロナ禍のように、予測不能の大変化が起きると、人々は持ち家よりも賃貸住宅を選択するようになります。35年ものローンを背負って持ち家を手に入れることが可能なのは、世の中があまり変化せず、右肩上がりであるときだけです。

そういうわけで、**賃貸物件の需要は、好立地であるならば永遠に不滅**といえます。

なぜ「アパート・マンション投資は危ない」と思われるのか

「お金持ち大家さん」を始めようとしても、周囲から止められることがあります。

「不動産投資は危ないと聞いたよ」とか、

「ワンルームマンション投資で破産した人がいるんだってさ」と。

そう言って止めてくる人に、「お金持ち大家さん」はいません。自分がうまくいっている人は止めるはずがないからです。でも、よほど親しくないかぎり、勧めてもくれないでしょう。よく知らない他人を儲けさせようと思う人は少ないからです。

世間で「不動産投資は危険」と思われている理由は、**本当にお客さまに儲けてもらいたい業者が少ない**からです。先にも書きましたが、「ノルマを果たせばそれでいい」という業者と、「貸せればＯＫ」と考える金融機関が組んだりすると最悪です。

一般の人からは同じように見える不動産投資ですが、かたや安定して老後資金を稼ぎだし、さらに２棟目、３棟目が狙えるバラ色の人生。そしてかたや「こんなはずじゃなかった」と後悔するばかりで、下手をすると儲からないどころか逆ざやで自己破産の憂き目を見る可能性もある地獄の人生。

その差はどこにあるかといえば、良いパートナーを見つけられたかどうかです。

「お金持ち大家さん」には特技や才能は必要ありません。たったひとつ必要なのは、焦らず、慌てず、じっくりと**「本物のパートナー」を探す**ことだけです。

「本物のパートナー」は、私のやっている三光ソフランのような会社です。

「家賃保証」と「管理委託」で安心の運用

アパート・マンション投資で大変だといわれるのは、入居者と物件の管理です。「お金持ち大家さん」を目指して、せっかく1棟買ったのに、なかなか**空室が埋まらず**に気持ちが落ち着かなかったり、**入居者とのトラブル**で精神的にまいってしまったりする大家さんが少なくありません。

でも、私たちがお勧めしている「**家賃保証**」と「**管理委託**」を採用すれば、そのような苦労は無縁になります。文字通り「何もしなくても毎月決まったお金が入ってくる」という左うちわの状態になりますから、オーナーの方は「お金持ち大家さんをやってよかった」と思うことでしょう。

「家賃保証」とは、**管理会社が物件のオーナーと契約し、約束した金額で全室を一括して借り上げるシステム**です。入居者を探すのは管理会社の仕事となり、退去者や入居者の管理もすべて任せることができます。

管理会社は入居者から受け取る家賃と、オーナーに支払う家賃の差額を利益にします。したがって、いつも満室の状態が維持できる物件でないと、家賃保証は成立せず、管理会社は経営が安定しません。

「管理委託」は、**管理会社が入居者とオーナーの間に立ち、入居者の管理をするシステム**です。24時間体制でクレーム対応してくれるなど、権利意識の高い現代の賃貸入居者に満足してもらえるサービスが得られます。

この2つがあれば、安心して「お金持ち大家さん」が続けられます。逆に言うと、この2つが得られないのなら、賃貸物件には手を出さないほうがいいかもしれません。「お金持ち大家さん」の成功のポイントは、管理会社が握っていると言っても過言ではありません。

2棟目、3棟目と進めば一生安泰に暮らせる

最初の物件で満足してしまう人はそれでいいのですが、多くの場合、**1棟だけでは理想の老後生活には不足でしょう。**

そこで2棟目を買うことになるわけですが、それは最初の1棟目のときから考えておいたほうがいいでしょう。

というのは、1棟目の家賃収入を使わずに取っておき、それを2棟目の購入資金の一部にすることで、2棟目の取得が早まるからです。

そして2棟目を購入したら、そこで止まるか、3棟目を買うかの選択になります。私は、**3棟くらいは持っていたほうがいい**だろうと思っています。

２棟目、３棟目と進まずに、最初に大きな物件を１棟所有するという考え方もあります。資金に余裕がある人にしかできませんが、それでもいいでしょう。

しかし、私は**大きな１棟よりも小さな３棟のほうを勧めます**。

なぜなら、**小分けして売却**することができるからです。

たとえば急にまとまったお金が必要になったとき、１棟しか持っていないと、それを売るしかなくなりますが、３棟持っていれば、そのうちのどれか１棟、あるいは２棟を売って急場をしのぐことができます。

さらに、「**相続対策**」という面でも複数のほうが有利です。子どもの数だけ物件を持っていれば、相続するときにきれいに分けてしまうことができますが、大きな物件１棟だとややこしいことになるでしょう。

そして、２棟、３棟と買っていく人は、銀行からの**融資が受けやすくなります**。それだけ実績が積み上がっていくからです。

素人が自力で取り組んでも成功はむずかしい

みなさんは「**情報の非対称性**」という言葉をご存じでしょうか。

売り手と買い手の持つ情報に大きな差があることを指す言葉です。

そしてこの情報の非対称性が顕著なのが、不動産業界なのです。


素人が不動産の買い手の場合、一生に1回か2回、多くても3回くらいの経験でしょう。

しかし売り手の不動産会社は、毎日物件を売買していますから、物件の良し悪しについては、よく知っています。


したがって、悪意のある業者が素人をだますのは簡単です。

さらに、**賃貸物件になるともっと情報の非対称性が大きくなります**。素人は賃貸物件のことをほとんど知らないからです。

よく自分の土地にアパートを建てる人がいます。住宅メーカーの営業担当者に勧められてのことが多いようですが、完成した後で入居者が入らず苦労しているケースをよく見ます。

オーナーは自分の土地だから愛着があるのでしょうが、入居者にはそんな思い入れは通用しません。単に駅から近いか、家賃は相場より安いか、間取りが良いかで決まります。賃貸住宅に精通した人が相談に乗っていれば、損をさせることはないでしょう。

私のセミナーに来て、自分の思い込みで「お金持ち大家さん」を始める人がいます。そのうちの多くの人は、失敗して数年後にまたやってきます。社会ではエリートといわれる人たちにその傾向があるようです。

ご自分を人生の勝ち組と思い、自信があるのでしょうが、不動産購入はむずかしいのです。**賃貸住宅投資は不動産のプロに相談しないと成功しない**ということを、まずはよく認識してください。

「サブリース利回り」と「自己資金運用利回り」に注目

少し賃貸住宅投資をかじった人なら、「利回り」という言葉に敏感に反応するでしょう。しかし上級者になるためには、もう一歩進んで、**「サブリース利回り」**と**「自己資金運用利回り」**を理解する必要があります。

実際に「お金持ち大家さん」を始めるときに大切な数字は、この2つと借入金の金利の3つだけです。

「サブリース利回り」は、保証された家賃収入から経費を差し引いた手取り金額（年額）を購入価額で割って出した利回りのことです。たとえば5000万円の物件から毎年350万円の手取りの保証された家賃収入があるなら、サブリース利回りは7・0%です。

「自己資金運用利回り」は、**投入した自己資金に対して手許にいくら入ってくるかを「%」で示したもの**です。5000万円の物件のうち、2000万円が自己資金で、家賃収入から借入金の返済額を引いた金額が年額170万円であったとすると、自己資金運用利回りは8・5%となります。

自己資金運用利回りは、投資の世界でよく出てくる「ROI(投資収益率)」に相当し、**投資効率の高さ**を示します。この数字は投資効率の高さを示し、これが高ければ高いほど、投資したお金が次々とお金を生んでいる状態であることがわかります。

私は**少なくとも購入費総額の3割以上を自己資金にする**ようにお勧めしています。

事例6

リタイヤまでに3棟所有する計画で「お金持ち大家さん」をスタート

赤塚さま(仮名)は不動産会社に勤務する53歳の男性です。現在の会社に勤務して15年ですが、その前の会社に勤めていたときに自宅を購入し、そのローンがまだ3000万円残っています。

最近、身体の不調を感じることが多くなってきたので、だんだん将来のことが心配になってきた赤塚さまは、私たちのところに相談に見えました。

不動産のプロだったのに、収益物件を所有することを考えたことがなかったという赤塚さまですが、私たちの説明を聞いて、考えを変えました。

年齢がまだ53歳と定年までに間があるため、こちらからは定年までに3棟所有する計画で、まず1棟目を購入することを勧めました。

ご購入概要・利回り

名前・年齢	赤塚さま・53歳
職業	不動産会社勤務
年収	1500万円
家族構成	ご本人・奥様・お子様1人
保有資産	2500万円

◆1棟目

購入物件	木造アパート2階建て
所在地	東京都大田区 「京急蒲田」駅徒歩5分
購入価格	5000万円

⬇

自己資金	2000万円
借入金	3000万円 (借入条件15年、金利0.7%)

家賃収入	月額33万円→年額396万円
借入返済	月額18万円→年額216万円
手取り収入	月額15万円→年額180万円
表面利回り	7.9%
自己資金運用利回り	9.0%

お勧めしたのは、東京都大田区にある木造2階建てのアパートです。京浜急行の京急蒲田駅から徒歩5分という好立地で、価格は5000万円でした。

赤塚さまはこの物件を自己資金2000万円、借入金3000万円(借入条件15年、金利0・7%)で購入しました。

家賃収入は月額33万円(年額396万円)で、借入金の返済が月額18万円(年額216万円)ですから、差引手取り収入は月額15万円(年額180万円)となりました。

この額では個人年金には不足ですが、今後2棟目、3棟目を考えていくのなら、その資金づくりに役立つことと思います。

表面利回りは7・9%、自己資金運用利回りは9・0%です。

リタイヤまでに３棟所有する計画をスタート
赤塚さま（仮名）
53歳　不動産会社勤務
自宅のローンが
３０００万円も
残っていますし、
老後が心配です…
定年までにまだ
時間がありますね
収益物件を
所有してみませんか
まずは1棟、購入しましょう
京急蒲田駅から徒歩5分
という好立地で、
価格は５０００万円ですよ
年額１８０万円の
収入になりました
今後2棟目、3棟目と
所有するのであれば、
その資金づくりに
役立ちそうですね

事例7

悪徳業者の甘言にだまされてワンルームマンションを購入。11年かけて、やっと軌道修正

南さま（仮名）は古くからの私たちのお客さまで、最初に相談に見えたのは2007年、南さまが50歳のときでした。

そのときには購入価格2600万円で利回り11％の中古アパート（8室）を購入し、「お金持ち大家さん」を華麗にスタートしたかに見えたのですが……。

所有するアパートをもう少し増やせば青色申告にできると思った南さまは、もう1棟購入する資金がなかったため、フルローンでワンルームマンション投資ができると宣伝していた業者のセミナーに行ってしまったのです。

そこで勧められるままに5室の区分マンションを購入。しかしそこからが地獄でした。

ご購入概要・利回り

名前・年齢	南さま・50歳（初回面談時）
職　業	お金持ち大家さん
年　収	2200万円
家族構成	ご本人・奥様・お子様3人
保有資産	1000万円

◆1棟目

購入物件	木造アパート2階建て
所在地	東京都下　駅徒歩7分
購入価格	5840万円

⬇

自己資金	1840万円
借入金	4000万円 （借入条件20年、金利1.0％）

家賃収入	月額33万円→年額396万円
借入返済	月額18万円→年額216万円
手取り収入	月額15万円→年額180万円
利回り	6.8％（サブリース）
自己資金運用利回り	10.2％

5室の借入金は1億円。30年ローンで固定資産税を払うと赤字になってしまいます。ようやく事の重大さに気づいた南さまは、私たちのところに再び相談に見えました。

結局、私たちのアドバイスでワンルームマンションと以前の中古アパートをすべて売却し、新たに「お金持ち大家さん」をスタートすることになりました。お勧めしたのは5840万円の木造2階建てアパートです。南さまはこれを自己資金1840万円、借入金4000万円で購入しました。

家賃収入は月額33万円(年額396万円)で借入金の返済は月額18万円(年額216万円)ですから、差引手取り収入は月額15万円(年額180万円)となりました。サブリース利回り6・8%、自己資金運用利回り10・2%です。

その後、南さまは2棟目を購入し、2棟の合算で月額手取り収入32万円という成績を上げています。大きな回り道をしましたが、修正できる段階で私たちに相談してくれたのがよかった実例といえます。

悪徳業者の甘言にだまされたが、軌道修正に成功
南さま（仮名）50歳
他社で購入した物件が赤字になってしまうことに気が付きました
それは大変！一度すべて売却して、新しくスタートしましょう
５８４０万円の木造2階建てアパートをおすすめします
家賃収入は月額33万円、年額３９６万円になりますよ
現在は２棟目を購入し、月額手取り収入は32万円になりました
軌道修正できる段階で相談していただいてよかったです

事例8

ワンルームマンション投資で手取額がわずか月5万円。一部売却して「お金持ち大家さん」に切り替え

松井さま（仮名）は定年間近の公務員で、私たちのセミナーに参加した時点で、すでにワンルームマンションをフルローンで5戸購入していました。その借入金は7000万円で、返済期間は35年、金利は2・6～3・3％でした。

収益は1戸あたり月額約1万円しかなく、5戸全部合わせても月額約5万円。これでは長期保有すると赤字になり、逆ざやの負担が発生します。

そこで私たちはワンルームマンションを可能なかぎり売却し、退職金で新たにアパート1棟を購入して「お金持ち大家さん」に切り替えることをお勧めしました。幸い、都内のマンションに高値が付いたので、3戸を売却して残債を減らしました。

ご購入概要・利回り

名前・年齢	松井さま・57歳（現在）
職　　業	公務員
年　　収	800万円
家族構成	ご本人・奥様・お子様2人
保有資産	2600万円

◆1棟目

購入物件	木造アパート2階建て
所在地	千葉県柏市　「柏たなか」駅徒歩2分
購入価格	8760万円

⬇

自己資金	2160万円
借入金	6600万円 （借入条件22年、金利0.85%）

家賃収入	月額48万円→年額576万円
借入返済	月額27万円→年額324万円
手取り収入	月額21万円→年額252万円
利回り	6.6%（サブリース）
自己資金運用利回り	11.7%

お勧めした物件は、千葉県柏市の木造２階建てアパートです。柏たなか駅から徒歩２分という通勤に便利な立地で、価格は８７６０万円。これを自己資金２１６０万円、借入金６６００万円（借入条件22年、金利０・８５％）の条件で購入しています。

家賃収入は月額48万円（年額５７６万円）、借入金の返済が月額27万円（年額３２４万円）ですから、差引手取り収入は月額21万円（年額２５２万円）となりました。

サブリースで家賃保証を付けた後の利回りは６・６％、自己資金運用利回りは11・７％となっています。

ワンルームマンション投資をする前に、私たちのところに先に来ていれば、もっと楽な計画でもう2棟目、３棟目にかかっていたかもしれません。フルローンのワンルームマンション投資は、本当に厄介です。

ワンルームマンション投資失敗からの立て直し
松井さま（仮名）
定年間近 公務員
マンションを5戸所有しているのに、手取額わずか月5万円…長期保有すると赤字になってしまいます
所有の物件を一部売却して、新たな物件を購入しませんか通勤に便利な立地の木造2階建てアパートはいかがでしょう
柏たなか駅
フルローンの投資には気をつけてくださいね
投資する前には高橋さんにご相談します

事例9

多忙な40代サラリーマンが「お金持ち大家さん」をスタート。今では7棟を所有し、転職して悠々自適の生活

8年前に「お金持ち大家さん」を始められた竹下さま（仮名）は、当時47歳で大手製薬会社に勤務し、とても多忙な生活を送っていました。

1日でも早く経済的な自由を手に入れて、仕事や時間を自由に選べるようになりたいとのことで、私たちは複数所有による不動産収入を生活のメインにするような計画をお勧めしました。

1棟目としてお勧めしたのは千葉県松戸市の木造2階建てアパートです。JR常磐線の松戸駅から徒歩12分という立地で、価格は6670万円でした。

竹下さまはこれを自己資金2000万円、借入金4670万円（借入条件25年、金利0・85％）で購入しました。

ご購入概要・利回り

名前・年齢	竹下さま・47歳
職業	大手製薬会社（当時） 不動産賃貸業（現在）
年収	1500万円
家族構成	ご本人・奥様・お子様2人
保有資産	4000万円

◆1棟目

購入物件	木造アパート2階建て
所在地	千葉県松戸市 「松戸」駅徒歩12分
購入価格	6670万円

⬇

自己資金	2000万円
借入金	4670万円 （借入条件25年、金利0.85%）

家賃収入	月額39万円→年額468万円
借入返済	月額17万円→年額204万円
手取り収入	月額22万円→年額264万円
利回り	7.0%（サブリース）
自己資金運用利回り	13.2%

家賃収入は月額39万円（年額468万円）で借入返済が月額17万円（年額204万円）なので、差引手取り収入は月額22万円（年額264万円）となりました。
サブリース利回りは7・0％、自己資金運用利回りは13・2％です。

ここから竹下さまの快進撃が始まり、2棟目と3棟目をそれぞれ6700万円で、4棟目を7940万円で、5棟目を9100万円で、6棟目を9200万円で、7棟目を1億1500万円で購入しました。トータルでの差引手取り収入は月額160万円（年額1920万円）となっています。

これほどの収入があるため、竹下さまは会社を退職し、不動産業として独立。今ではボランティア活動が生活の中心になっているとのことです。

多忙なサラリーマンから転職、悠々自適の生活へ
竹下さま（仮名）
47歳　大手製薬会社勤務
経済的に自由になり、仕事や時間も自由に選べるようになりたいです
不動産を複数所有し、その収入で生計をたてませんか
1棟目は自己資金2000万円で購入するのはいかがでしょう
返済分を差し引いても月額22万円の収入になります
現在は7棟を所有し手取り収入は月額160万円ですね！
はい！　安定した収入があるので、不動産業として独立しました

事例10

不動産投資に興味を持った高校教師。「お金持ち大家さん」をスタートして5年後に2棟目を購入

葉山さま（仮名）は年収700万円の公立高校の教員。54歳のときに私たちのセミナーに参加され、個別相談を申し込まれました。

独身だった葉山さまはご自分の老後について不安があり、不動産投資を真剣に考えて何社もの不動産会社のセミナーに参加しているとのことでした。

他社がフルローンでの物件取得をお勧めしているのに対して、私たちが「自己資金2000万円が必要」と説明しているのに疑問を感じ、説明を求められました。

私たちが「フルローンはとてもリスクが高い」ことを論理的に説明したところ、納得していただき、私たちの物件を購入していただくことになりました。

ご購入概要・利回り

名前・年齢	葉山さま・54歳
職　業	公務員（高校教師）
年　収	700万円
家族構成	ご本人
保有資産	預貯金3000万円

◆1棟目

購入物件	新築木造アパート2階建て
所在地	千葉県柏市　「南柏」駅徒歩10分
購入価格	4800万円

⬇

自己資金	2000万円
借入金	2800万円 （借入条件20年、金利1.8%）

家賃収入	月額28万円→年額336万円
借入返済	月額14万円→年額168万円
手取り収入	月額14万円→年額168万円
利回り	7.0%（サブリース）
自己資金運用利回り	8.4%

私たちがお勧めしたのは、千葉県柏市の新築木造2階建てアパートです。南柏駅徒歩10分という立地で、価格は4800万円でした。

葉山さまはこれを自己資金2000万円、借入金2800万円（借入条件20年、金利1・8％）で購入しました。

家賃収入は月額28万円（年額336万円）で借入返済が月額14万円（年額168万円）なので、差引手取り収入は月額14万円（年額168万円）となりました。サブリース利回り7・0％、自己資金運用利回り8・4％です。

葉山さまは5年後に2棟目の新築木造2階建てアパートを1億200万円で購入しました。こちらの手取り収入は月額24万円（年額288万円）です。

葉山さまはさらに3棟目に向けて、せっせと貯金に励んでおられるそうです。

フルローンのリスクに気づき、自己資金2000万円で投資
葉山さま（仮名）
54歳　公立高校教員
他社のセミナーではフルローンをおすすめされましたが…
自己資金2000万円は必要ですよ　フルローンはリスクが高いのです
なるほど…！
自己資金2000万円で、購入してみませんか　返済分を差し引いても年額168万円の収入になりますよ
すでに2棟目を購入されましたね
はい！　現在はさらに3棟目所有に向けて、貯金していますよ

コラム 2

独力で「お金持ち大家さん」を始めて成功することはできる?

私は「お金持ち大家さん」は信頼できるパートナー(不動産のプロ)と組まないと成功しないと言っていますが、独力でやりたがって失敗している人が結構います。

独力でやりたがる人たちは、私のノウハウを少し勉強すれば、自分でも同じようにできると思い込んでいるようですが、世の中はそんなに甘くありません。

「お金持ち大家さん」を成功させるためには、適正な家賃を払ってくれる入居者が切れ目なく続くような物件を適正価格で取得する必要がありますが、それが簡単ではないのです。どんな物件なら入居者がつくのか、それをいくらで購入すれば利回りがどのくらいになるかなどを瞬時に判断でき、そういった物件を手に入れることができなければ、利回りの低い、あるいは赤字の投資になってしまうのです。

第3章

不動産投資で失敗する人はここがダメ

新築物件の利回りはいい？　悪い？

前章まででアパート・マンション投資で成功するための条件はおおよそ理解できたと思います。もう一度おさらいしておくと、

①**東京23区**か神奈川県なら**横浜以東**、埼玉県なら**大宮以南**、千葉県なら**柏・松戸以西**のエリア
②駅から最大でも**徒歩15分以内**の立地
③入居者にとって魅力的な家賃が設定できる**中古物件**

が条件でしたね。

ところで、私は「**新築物件は利回りが低い**」とお伝えしてきましたが、その理由は3番目の条件が満たせない可能性が高くなるからです。

アパート・マンション投資に慣れていない方は、「中古物件では入居者が嫌がって空室ばかりになるのではないか」と心配しますが、そんなことはありません。

適切なリフォームをすれば古くささは感じられなくなりますし、多少見映えが悪くても、その分、家賃などの条件が良ければ、入居者は必ずつきます。

逆に言えば、いくら新築でピカピカの物件でも、家賃が高ければなかなか入居者はつきません。特に若い単身者向けの住宅なら、基本的には寝に帰るだけですから、見映えよりも**立地と家賃が重要なファクター**になるのです。

では、新築物件は絶対に利回りが低いかというと、そうとも言い切れないのが実状です。**例外的な場合**もあって、それは土地がうんと安く手に入り、建設費を抑えて建てることができ、さらに付加価値のある住宅に仕立てられたケースです。

ひとつの例を挙げましょう。

かつて私たちの会社で分譲したワンルームアパートがあります。「モンシャトー宮原」という物件で、新幹線の線路脇にある細長い土地に作りました。

そういう土地ですから取得価格はかなり割安に抑えることができました。

新幹線の線路脇というと騒音が心配になりますが、それは設計に織り込んで防音をきちんとしておけば大丈夫です。もうひとつの心配は電波障害ですが、それは共同受信アンテナやケーブルテレビを採用すればクリアできます。

さらに私たちは建物に付加価値をつける工夫をしました。若い人に人気のあるテラコッタ調のタイル貼りを採用して、全体をスペイン風のデザインに仕上げたのです。

その結果、8戸の棟を6850万円、6戸の棟を5140万円という価格で販売することになりましたが、高利回りを確信したお客さまにあっという間に売れました。

なぜ新築なのに高利回りにできたかといえば、**土地の取得価格が安かったことと、中古物件並みの利回りになるようにコストを計算して建てたから**です。

一般の新築賃貸住宅は、緻密な損益計算なしに作ってしまい、コストから家賃を算出していることが多いものです。だから家賃が高くなり、競争力がなく、なかなか空室が埋まらないのです。その結果、**家賃を下げることになり、利回りが下がってしまいます。**

私たちのモンシャトー宮原は、中古物件に対抗できる家賃設定でも利回りは十分で、さらに新築であること、人気のデザインであることで競争力を高めたため、ずっと満室状態が続きました。

このように**工夫し、計算が成り立つなら、新築物件でも成功する可能性はある**わけです。

立地条件を重視しない物件選びは失敗のもと

アパート・マンション投資を始めようと考えている人の中には、**自分の土地に建物を建てたい**と思っている人が少なくありません。

しかし、多くの場合、私はその計画をお勧めしません。

理由の1つ目は、その土地が**賃貸住宅にふさわしい立地でない**場合が多いことです。オーナーにとっては先祖伝来の愛着ある土地かもしれませんが、そこは駅から徒歩何分でしょうか。15分以上であったり、バス利用であったり、クルマでなければ移動できない場所であったりしたなら、賃貸住宅には不向きです。

理由の2つ目は、これから建てるからには新築になり、利回りを高くするのがむずかしいと思われるからです。駅に近くて立地条件が良いなら、うんと工夫して利回りの高い物件に仕立てることは不可能ではありませんが、そんな手間をかけて自分の土地にこれから建てるより、**好条件の中古物件を購入したほうが手っ取り早い**でしょう。

理由の３つ目は、**すぐ近所に大家さんが住んでいると、いろいろな苦情がダイレクトに寄せられる**可能性が高くなるからです。仮に管理委託の契約をしていても、入居者から見れば大家さんがすぐ隣にいるのですから、管理会社に電話をするよりダイレクトに言ったほうが簡単だと思うでしょう。

すると、24時間、３６５日、入居者からのクレームに悩まされることになります。

とにかく、「お金持ち大家さん」で成功したいなら、**立地の良い中古物件を信頼できる不動産のプロに紹介してもらい、家賃保証と管理委託を付ける**こと。それがうまくいくための必勝の方程式なのです。

少ない自己資金（30％以下）で始めるのはケガのもと

私はどんなお客さまにも、「お金持ち大家さんを始めるなら、**まず2000万円の資金を用意**してください」とお話ししています。2000万円というのが最低条件です。

世の中の他の業者には、「頭金ゼロのフルローンでも成功できる」と言っている人がいますが、それは目先のことだけを考えて物件を売りつけたいと思っている態度です。その甘言にだまされて、**悲惨な結果になっている人がたくさんいます。**

なぜ2000万円かというと、それくらいの自己資金がないと、満足できるリターンが望めないからです。ちょっと計算をしてみましょう。

私は「最低でも30％の自己資金」と言っています。金利変動などのリスクに耐えられる計画にするには、そのくらいの余裕が必要だからです。

たとえば、自己資金２０００万円で６０００万円の中古ワンルームアパートを１棟買ったとします。借入金４０００万円の返済期間は20年で、金利は２・８％とすると、毎月の返済額は21万７０００円になります。部屋が８戸で、家賃保証が１戸５万円なら毎月40万円。差引額は18万３０００円です。

この例だと自己資金運用利回りは10・９％、サブリース利回りは８・０％となります。中古物件ではそう珍しい数字ではありません。

毎月18万3000円の大家さん収入は、悪くない金額ですね。しかし、それを得るには２０００万円の自己資金が必要だということも、おわかりだと思います。

これがもっと低い自己資金だと、なかなか１棟まるごとは買えません。そして、バラ売りの物件で高利回りを実現するのは、かなりむずかしくなります。

その結果、**手許に残る金額が少なく、いつまで経っても低空飛行から抜け出せない**可能性も出てきます。

パートナー選びが成功の条件

前述した「アパート・マンション投資で成功するための条件」を、もう一度確認してみましょう。

①**東京23区**か神奈川県なら**横浜以東**、埼玉県なら**大宮以南**、千葉県なら**柏・松戸以西**のエリア
②駅から最大でも**徒歩15分以内**の立地
③入居者にとって魅力的な家賃が設定できる**中古物件**

しかし、この条件に合致する物件を、素人がいきなり入手できる可能性は低いと思われます。仮にこの条件に合うものが見つかっても、現地を見て問題がないかを判断するのは、

不動産のプロ、中でも賃貸住宅の売買を長年やっている人でないとむずかしいでしょう。

したがって、「お金持ち大家さん」になるためには、パートナー選びが非常に重要になります。

どういう観点でパートナーを選べばいいかを簡単にまとめます。

・**その土地で何十年も営業している不動産業者**である
・**売買物件よりも賃貸物件に力を入れている賃貸の専門家**である
・**多くの「お金持ち大家さん」を輩出**している
・**悪い評判がない**

このうちのどれかひとつでも欠けていたら、その人と組むのはリスクが高いかもしれません。

リフォームにムダなお金はかけない

賃貸物件を取得したときに、管理会社に「リフォームはどうしたらいいか」と相談すると、たいてい「全部きれいにしたほうが、入居者がつきますよ」と言われます。そこで言う通りにすると、**高額のリフォーム費用**がかかってしまいます。

これでは、せっかく中古物件を格安で取得できたとしても、トータルの購入費用が高くなってしまい、利回りが下がります。

なぜ高額のリフォームを勧めるかといえば、そのほうが管理会社に手数料が多く入るからです。また、きれいにすればするほど入居者を募りやすくなりますから、自分たちの仕事が楽になるという面もあります。どうせそのコストは大家さんが負うのですから。

アパート・マンション投資で高収益を得るためのポイントは、「**収益につながらないこ**

とにムダなお金はかけない」ことです。リフォームはやり出したらきりがありませんから、余分なお金をかけずに、必要十分な程度で抑えるノウハウが不可欠になります。

それは管理だけしている会社からはなかなか引き出すことができません。私たちのように、物件の斡旋と賃貸管理の両方をやっている会社でないとむずかしいでしょう。

私の経験では、**管理会社の勧めるリフォーム代金をかなりケチっても、入居者はつきます**。最大で見積もりを３分の１にカットしてリフォームを実行したこともあります。

築20年、築30年の物件の場合、最低限必要なリフォームは、**お風呂とキッチン**です。少なくともこれらだけでも新しくなっていて、壁紙などが破れたりしていないなら、家賃さえ相場であれば入居者はつきます。

ここで大事なのは、リフォームも投資の一部であると考えて割り切ることです。不動産投資の対象は自分の家ではないのです。

「自分の家」を持つのは投資が軌道に乗ってから

日本人は**持ち家信仰が強く**、若いうちからローンを組んで自分の家を持ちたがります。しかし、私に言わせれば自分の家を買うのは後回しにして、その前に「お金持ち大家さん」を始めるべきです。

投資物件の土地はお金を生みますが、自宅として購入した土地はお金を生みません。ましてそのために高額のローンを組んで、毎月の返済が大変だったりしたら、いつまで経っても「お金持ち大家さん」が始められないでしょう。

若いサラリーマンに「今1000万円あったらどうしますか?」と聞くと、たいていの人が「それを頭金にして、マンションを買います」と答えます。それは私に言わせれば、不動産に対する無知です。

35年ローンでマンションを買っても、売却してローンの残債がゼロになるのは25年以上経ったあたりというのが現実です。「ローンを払い終われば自分のものになる」というのは事実ですが、払い終わったときの実勢価格が頭金くらいにしかならないというケースも少なくないのです。

そんなリスクの高い買い物をするよりも、若いうちからしっかり貯蓄に励み、２０００万円を貯めて「お金持ち大家さん」を始めるべきです。そうして順調に2棟目、3棟目を購入して**生活に大きなゆとりができたら、初めて自分の家を考えてみてもいい**かもしれません。

私たち不動産のプロに言わせれば、**お金を生まない土地は最高のぜいたく品**なのです。

目標に到達するまでぜいたくはしない

前の項目で「**お金を生まない土地は最高のぜいたく品**」と言いました。そんなぜいたく品に高額のローンを組んで購入してしまうというのは、いかがなものでしょう。

もしも普通のサラリーマンが、**フェラーリやポルシェのような高級車を、頭金をほとんど入れずに借金して買っていたら**、まわりからどう思われるでしょうか。

それなのに家を買うことには誰も何も言わないというのは、不思議なことです。

じつはフェラーリやポルシェは、買ってすぐに売却しても、それなりの値が付きます。場合によっては買ったときより高く売れることもあります。しかし、家に関してはそのようなことはまずありません。それどころか、激しく値下がりしてしまうこともよくあります。

とにかく、「お金持ち大家さん」を目指すなら、絶対にやってはいけないことは、「ぜいたく」です。

家がほしい、高級車がほしい、海外旅行に行きたいといった**欲望は後回しにして、まずは「お金持ち大家さん」をスタートさせましょう。**2棟目、3棟目が手に入るようになれば、それらの欲望は叶えられるのですから。

不動産投資で大きな成功を収めたいなら、なるべく早くスタートすることです。買った土地がお金を生んでくれるのですから、時間を味方につけたほうが利益は大きくなります。そして離陸したロケットが2段目、3段目に着火して加速していくように、2棟目、3棟目を手に入れて毎月の収入を増やすのです。

ぜいたくがしたいなら、「お金持ち大家さん」で成功してから。それを合言葉に、若いうちは我慢をするべきです。将来の幸せが待っていると思えば、それくらいの我慢はできるはずです。

投資物件に見栄を張る必要はない

「お金持ち大家さん」を始めたばかりの人は、私たちが物件を案内すると、その**外見をかなり気にします**。私たちが優良物件としてお勧めするのはたいてい築10年以上の中古物件ですから、外観は少々古びています。素人のお客さまはそこを気にするのです。

しかし、高利回り物件のほとんどで、大なり小なり外観には難があります。**だからこそ安く手に入って高利回りになるのです**。ところが、「いや、ちょっとこれは古びているからパス」と言われると、せっかく案内した人間もがっかりしてしまいます。

逆に、そういうお客さまが「これはいい」と喜ぶような見映えのいい物件は、誰もが気に入りますから、それなりの値段です。そうなると、利回りは高くなりません。

考え違いをしてもらっては困るのは、購入しようとしている物件は、自分や家族の住む家ではないということです。お金を生むための道具なのですから、**要は設定した家賃を払ってくれる入居者が途切れずにいてくれさえすればいい**のです。

極端な話、「これはちょっと」と思うような物件でも、立地が良くて格安で手に入るなら有望です。少々難ありでも、適切なリフォームで乗り切れるかもしれません。

とはいうものの、あまりに古すぎる物件はコストがかかりすぎます。また、現在誰も入居していない物件も要注意です。条件がいいのに入居者がいないのであれば、何か理由があるはずと疑ってかかる必要があります。

もちろん、これまでにお伝えしたように、有望エリアから外れた物件、駅から遠すぎる物件は、どんなに外観が魅力的でも、敬遠したほうがいいでしょう。

事例11

セミリタイヤしていても条件次第ではローンが可能。アパート2棟と自宅を購入して、余裕の老後生活

森下さま（仮名）が私たちのセミナーを受講して個別相談の申し込みをしたのは、61歳のときで、すでにセミリタイヤされていました。

森下さまはセミリタイヤした身でもローンが組めるかということを気にしておられましたが、条件によっては組めるとお答えしました。

調べてみると森下さまは現金と株式で4000万円の資産をお持ちで、年金と給与の合計年収も440万円ありました。ですからローンの審査を通る可能性は十分ありました。

そこでお勧めしたのが、5400万円の木造3階建てアパートです。これを自己資金2000万円、借入金3400万円（借入条件20年、金利1・45％）で購入しました。

ご購入概要・利回り

名前・年齢	森下さま・61歳
職　　業	お金持ち大家さん
年　　収	440万円
家族構成	ご本人・奥様・お子様2人（独立済）
保有資産	4000万円

◆ 1棟目

購入物件	木造アパート3階建て 6室
所在地	横浜市内　駅徒歩3分
購入価格	5400万円

↓

自己資金	2000万円
借入金	3400万円 （借入条件20年、金利1.45%）

家賃収入	月額31万円→年額372万円
借入返済	月額16万円→年額192万円
手取り収入	月額15万円→年額180万円
利回り	6.9%（サブリース）
自己資金運用利回り	9.0%

サブリースを組んでの家賃収入が月額31万円（年額３７２万円）、借入返済が月額16万円（年額１９２万円）なので、差引手取り収入は月額15万円（年額１８０万円）となりました。

その後、自宅が公園になるため収用されたので、新規に自宅を購入（住宅ローン返済月額10万円）し、さらに２棟目のアパートも購入しました。価格は４４００万円で、自己資金１７００万円、借入金２７００万円の内訳です。

こちらもサブリースを組んでの家賃収入は月額25万円（年額３００万円）で借入返済が月額13万円（年額１５６万円）なので、差引手取り収入は月額12万円（年額１４４万円）となりました。

森下さまは２棟の新築アパートと新築の自宅を手に入れ、毎月27万円の固定収入を得ています。年金が年額２４０万円なので、合わせて年収が５６４万円。悠々自適の老後生活を送るには、十分な収入となりました。

セミリタイヤしていても条件次第でローンは可能
森下さま（仮名）
61歳 セミリタイヤ
セミリタイヤしてますがローンは組めるのでしょうか
資産が4000万円、年金と給与の合計が440万円ありますねローンの審査を通る可能性は高いですよ
5400万円の木造3階建てアパートがおすすめです自己資金2000万円で購入してみませんか
新たに自宅と2棟目のアパートも購入しました！
十分な収入で、悠々自適な生活が送れそうですね

事例12

優良物件を紹介したら、速攻・即決で購入。掘り出し物の物件はタイミングとスピードが大切

清川さま（仮名）は、40代の大手メーカーに勤務するサラリーマン。手持ちの貯金を使ってアパート経営を始めたいと、夫婦で相談に来られました。

清川さまが気にしていたのは、自宅の住宅ローンがあってもアパートをローンで買えるかどうか。それに対しては、一定の給与収入があれば、住宅ローンがあってもアパートをローンで購入できるとお答えし、安心してもらいました。

私たちがお勧めしたのは、立地が良くて築年数が浅く、利回りの高い、いわゆる「掘り出し物件」でした。東京メトロ副都心線の東新宿駅から徒歩7分で、現在満室の物件です。こういう物件はすぐ売れてしまうとコメントを付けて紹介しました。

ご購入概要・利回り

名前・年齢	清川さま・40代
職業	会社員
年収	1000万円
家族構成	ご本人・奥様
保有資産	2000万円

◆ 1棟目

購入物件	木造アパート2階建て
所在地	東京都新宿区 「東新宿」駅徒歩7分
購入価格	6480万円

⬇

自己資金	2000万円
借入金	4480万円 （借入条件20年、金利2.1%）

家賃収入	月額43万円→年額516万円
借入返済	月額23万円→年額276万円
手取り収入	月額20万円→年額240万円
表面利回り	8.0%
自己資金運用利回り	12.0%

すると紹介した翌日に会社を休んで見に来てくれました。そして物件を気に入り、すぐに購入申込書にサイン。現地近くのコンビニからFAXしましたが、まさにタッチの差で購入することができました。

購入条件は自己資金2000万円、借入金4480万円（借入条件20年、金利2・1％）です。

この物件の家賃収入は月額43万円（年額516万円）で借入返済が月額23万円（年額276万円）なので、差引手取り収入は月額20万円（年額240万円）となりました。

購入時にすでに満室だったので、表面利回りは8・0％、自己資金運用利回りは12・0％です。

掘り出し物件は速攻・即決で購入を
清川さま（仮名）
40代　大手メーカー勤務
自宅の住宅ローンがあってもアパートをローンで買えますか
一定の給与収入があれば大丈夫ですよ！
立地が良い、築年数が浅い、利回りの高い、三拍子揃った「掘り出し物件」はいかがでしょう
手取りで年額240万円の収入になりました
購入時すでに満室で、自己資金運用利回りは12％と高率でしたね

事例13

親子2代にわたって「お金持ち大家さん」を実践。父親が持っていた近所に自分のアパートを購入

米田さま（仮名）は、52歳の会社員。ご主人と2人の子どもの4人家族です。

米田さまがアパート経営に興味を持つようになったのは、お父様が生前にアパート経営をやっていたから。しかも、お父様に「お金持ち大家さん」を勧めたのは、25年前の私だというのです。親子2代という不思議な縁で、米田さまにもアパートをお勧めすることになりました。

聞いてみると、保有資産が2500万円ほどあるというので、それなら「お金持ち大家さん」がスタートできるとアドバイスしました。

ご購入概要・利回り

名前・年齢	米田さま・52歳
職　業	会社員
年　収	500万円
家族構成	ご本人・ご主人・お子様2人
保有資産	2500万円

◆1棟目

購入物件	木造アパート2階建て
所在地	埼玉県さいたま市 「日進」駅徒歩15分
購入価格	6480万円

⬇

自己資金	2000万円
借入金	4480万円 （借入条件20年、金利1.1%）

家賃収入	月額38万円→年額456万円
借入返済	月額21万円→年額252万円
手取り収入	月額17万円→年額204万円
利回り	7.0%（サブリース）
自己資金運用利回り	10.2%

お勧めしたのは、さいたま市にある日進駅から徒歩15分の木造2階建てアパートです。25年前にお父様にお勧めしたのは宮原の物件でしたから、どちらも大宮の近くです。

物件の価格は６４８０万円。米田さまはこれを自己資金２０００万円、借入金４４８０万円（借入条件20年、金利１・１％）で購入しました。

サブリースを組んでの家賃収入は月額38万円（年額４５６万円）、借入返済が月額21万円（年額２５２万円）ですから、差引手取り収入は月額17万円（年額２０４万円）となりました。

サブリース利回りは７・０％、自己資金運用利回りは10・２％です。

親子２代で「お金持ち大家さん」を実践
米田さま（仮名）
52歳　会社員
父の影響で、私も「お金持ち大家さん」を始めようと思いました
親子2代で高橋さんにお世話になっています
資産2500万円をお持ちですので、問題なく「お金持ち大家さん」をスタートできますね
返済分を差し引いても年額204万円の収入になりました
親子2代で「お金持ち大家さん」を実践しているのは素晴らしいですね

事例14

借地人が行方不明の土地を取り戻し、自己資金ゼロでアパートを建設

岸島さま（仮名）が私たちのところに来たのは、相続した古い家の活用方法について相談するためでした。

しかし、何度か会って親しくなるうちに、もっと大きな問題を抱えていることがわかりました。それは、借地人が行方不明で連絡が取れなくなっている土地についてです。

私たちは地元で聞き込み調査を行い、借地人が入所した介護施設を突き止めました。そして借地人から借地権を取り戻すことができたのです。岸島さまはとても喜んでくれました。

ご購入概要・利回り

名前・年齢	岸島さま・58歳
職　業	会社員
年　収	500万円
家族構成	ご本人・奥様・お子様2人
保有資産	1000万円

◆1棟目

購入物件	木造アパート3階建て
所在地	埼玉県さいたま市 「大宮」駅徒歩12分
購入価格(建築価格)	5000万円

⬇

自己資金	0円
借入金	5000万円 (借入条件25年、金利1.5%)

家賃収入	月額54万円→年額648万円
借入返済	月額20万円→年額240万円
手取り収入	月額34万円→年額408万円
利回り (建築費用に対する運用利回り)	13.0%(サブリース)

借地権が消えて晴れて岸島さまの所有権となった土地ですが、私たちはそこに新築アパートを建設することを勧めました。大宮駅から徒歩12分という抜群の立地だったからです。しかも、土地が担保になるので、自己資金ゼロで建てられます。

建てたのは木造3階建てのアパートで9所帯が入ります。建築価格は5000万円で、全額を借入金でまかないました。借入条件は25年、金利は1・5％です。

この物件の家賃収入は月額54万円（年額648万円）で借入返済は月額20万円（年額240万円）なので差引手取り収入は月額34万円（年額408万円）となりました。

利回りは13・0％。これはサブリースを付けての数字です。お荷物になっていた土地が高収益を生む物件に化けたというケースでした。

お荷物だった土地が高収益を生む物件に
岸島さま（仮名）
58歳　会社員
借地人が行方不明で
手がつけられない
土地があるんです…
それは大変ですね
すぐに地元で聞き込み
調査を行いましょう！
借地人から借地権を
取り戻すことが
できましたね
取り戻した土地を
担保に、自己資金
ゼロでアパートを
建ててみませんか？
いいですね！
「お金持ち大家さん」を
スタートしたいです
返済分を差し引いても
年額４０８万円の
収入になりました
お荷物になって
いた土地が
高収益を生む
物件に化けましたね

事例15

高齢の母親が所有する財産を「家族信託」。相続税を軽減して家賃収入も実現

山本さま（仮名）の悩みは90歳になる母親の資産管理と相続対策でした。

山本さまは私たちが提供している「財産ドック」の会員であったため、定期的な資産の健康管理をサービスで受けていました。

私たちがお勧めしたのは、「家族信託」です。家族信託とは、保有する不動産、預貯金などの資産を信頼できる家族に託し、その管理・処分を任せる仕組みです。

山本さまは母親の資産を家族信託にすることで、高額な相続税を軽減するための処置を始めることにしました。

私たちがお勧めしたのは、次のようなテクニックです。

ご購入概要・利回り

名前・年齢	山本さま・60歳、母・90歳
職業	賃貸事業
年収	3000万円(母)
家族構成	ご本人・お母様・お子様2人
保有資産	約2億円

◆ 1棟目

購入物件	木造アパート3階建て ワンルーム18世帯
所在地	埼玉県さいたま市 「浦和美園」駅徒歩10分
購入価格	1億6300万円

⬇

自己資金	2000万円
借入金	1億4300万円 (借入条件25年、金利1.0%)

家賃収入	月額80万円→年額960万円
借入返済	月額54万円→年額648万円
手取り収入	月額26万円→年額312万円
利回り	6.0%（サブリース）
自己資金運用利回り	15.6%

まず母親が相続した現金の一部を自己資金として使い、販売価格1億6300万円の新築ワンルームアパートを1棟購入することにしました。自己資金2000万円、借入金1億4300万円（借入条件25年、金利1・0％）という条件です。

これにより、相続税が2450万円から770万円に軽減されました。1680万円の節税効果です。

また、購入したアパートからは家賃が発生しました。家賃収入月額80万円（年額960万円）で借入返済が月額54万円（年額648万円）なので、差引手取り収入は月額26万円（年額312万円）です。

サブリースを付けての利回りは6・0％、自己資金運用利回りは15・6％となりました。

相続税を軽減して家賃収入も実現
山本さま（仮名）
60歳　賃貸事業
高齢の母親が所有する資産の管理と相続対策で悩んでいます…
「家族信託」にしてみませんか？
家族信託とは…保有する不動産、預貯金などの資産を信頼できる家族に託し、その管理・処分を任せる仕組み
まずはお母様が相続した現金の一部を自己資金として使用して、物件を購入しましょう
相続税が軽減され、１６８０万円の節税効果がある上に家賃収入も得られますね
はい！　返済分を差し引いても年額３１２万円の収入になりました

コラム3

素人がドン引きするような不良物件でも条件さえ合えば入居者は必ずいる

私が以前にお世話した物件は、駅に近い築20年の木造アパートでしたが、その建物はよく見ると傾いていています。床にボールを置くと、転がっていくような傾きでした。しかし、家に寝に帰るだけの入居者なら、ほとんど気にならない程度の傾きでしたので、私は相場よりも1万円安い家賃を設定すれば、満室にできると考えました。

この物件を友人に勧めて購入してもらったところ、たちまち満室にすることができ、空室になってもすぐに埋まります。格安で手に入れたので表面利回りは14・4％、自己資金運用利回りに至っては46・2％という高率になりました。

この数字は、自己資金が2年で戻ってくることを意味します。一見して不良物件のようなものでも、条件によっては宝に化けるのです。

第4章

「お金持ち大家さん」の心得

想定外に備えて物件は分散する

もう10年以上前の話になってしまいましたが、**東日本大震災**では多くの人が命を失ったり、人生を大きくねじ曲げられてしまったりしました。

関東地方でも液状化現象で傾いてしまったりして、買ったばかりの家をあきらめなくてはならない人が出ました。

あのときほど、私たちに天災の恐ろしさが突きつけられたことはなかったでしょう。

そして今回のコロナ禍。**リモートワーク**の導入で、都心のオフィスビルから郊外に引っ越す企業が続出しました。今後もリモートワークが続くからと、都内の家を手放して、田舎の広い家に移り住む流れも出てきています。

だからアパート・マンション投資にも陰りが出るのではないかと言う人がいますが、私はそれは違うと思います。

リモートワークが導入されるのは、大手企業や先進的な企業の一部です。少なくとも、大多数の中小企業や工場を抱える製造会社はリモートワークでは事業が立ち行きません。

ということは、**これからも立地条件のいい賃貸物件の需要は尽きない**ということです。

もちろん、ある程度のリモート化の影響や、少子化のための需要減はあるでしょう。でもそれが空き室につながるのは、立地条件の悪い物件だけです。

したがって、これからも**「お金持ち大家さん」の成功方程式は揺るがない**でしょう。

だから、みなさんは安心して計画を立ててください。

そもそも、「お金持ち大家さん」は天変地異にも動じない生き方です。

たとえば、東日本大震災で被災して、一時的に体育館で避難生活を送った人の中に、いち早く賃貸住宅を借りて新生活を始めた人がいます。その人は、被災地ではない場所で「お金持ち大家さん」をやっていたことから、自分の家と土地を流されて財産を失っても現金収入があるため、すぐにアパートが借りられたのです。

もし**自分の持っている賃貸住宅に空き部屋があれば、そこに移り住むことも可能**だったでしょう。仮にそこも被害に遭ったとしても、2棟目、3棟目を別の地域に持っていれば、どこかが生き残って自分の支えになってくれたはずです。

天変地異を加味した「お金持ち大家さん」の心得は、次のようになります。

・購入する不動産が**活断層**の上にないかチェックする
・海に近い場所なら、**津波**の影響を受けない高台の物件を買う
・2棟目、3棟目は**エリアを分散**させる
・**液状化しそうな土地は敬遠**する

活断層や液状化については、素人が判断するのはむずかしいので、その土地で長く営業している不動産のプロによく聞きましょう。

液状化ですが、ベイエリアはリスクが高いといわれています。私がお勧めのエリアとして千葉県のベイエリアを入れていなかったのはこのためです。

2棟目、3棟目のエリアを分散させるのは、被災リスクを下げるだけでなく、**空室リスクを下げる**ことにもつながります。同じエリアだと何か不測の事態で空室が発生したとき、軒並み同じように影響を受ける可能性がありますが、エリアが違えば回避できるかもしれません。

大家さんが自分で管理している場合は、エリアが違うと手間が大変ですが、管理委託していれば、遠隔地であっても関係ありません。

これまでは、2棟目、3棟目を買い増しするのではなく、1棟目を売却してより大きな2棟目を購入するという方法もありましたが、リスク分散と小分け売却のしやすさ、相続のしやすさから、**買い増しする方法のほうがお勧めできる**と思います。

ビジネスの基本は「ウィン・ウィン」

私は「お金持ち大家さん」を**ウィン・ウィンのシステム**として運営しています。私たちもお客さまも、そして入居者もみな満足するビジネスです。だからこそ、これまでずっと続いてきたといえます。

どんなビジネスにも売り手と買い手がいます。買い手が満足するのは、適正な価格以下で買えた場合だけです。「高い値段で買わされた」と思えば、買い手は二度とその売り手から買おうとはしないでしょう。

反対にあまりにも安く売ってしまうと、売り手が潰れてしまいます。したがって、**売り手と買い手がお互いに満足できるのは、適正な価格で売買できたときだけ**です。

これがウィン・ウィンの状態です。

ところが不動産投資ビジネスを展開している事業者の中には、**自分だけが儲かればいい**と考えている者がいるのです。それが新築ワンルームマンション投資などで頭金ゼロのフルローンを組ませたあげく、お客さまを破産させたりしています。

おかげで「不動産投資は怖い」「アパート・マンション投資で破産した人がいる」といった先入観が多くの人に植え付けられてしまい、私たちは大変迷惑しています。そのイメージがあるために、せっかく「お金持ち大家さん」を始めるチャンスがありながら、二の足を踏んでいる人が多いのです。

ビジネスのパートナーと組むときは、**相手がウィン・ウィンの思想を持っているかどうか**を入念にチェックしましょう。少なくとも、その人が過去にたくさんのお客さまを成功に導き、感謝されているかどうかは重要なポイントです。

うまい話に引っかからない方法

不動産投資で失敗し、悲惨な目に遭った人というのは、うまい話にだまされた人といえます。多くは、電話勧誘などで営業担当者と会い、丸め込まれて契約してしまったケースです。

さらに調べてみると、そのような被害者は公務員や上場企業のサラリーマンなど、ローンが組みやすい人であることが共通点です。つまり、**悪徳業者側はあらかじめ「カモ」を探して狙い撃ちしてきている**わけです。

被害者は学歴もあり、エリートですから、「自分はだまされない」という自信があります。そこをうまく突かれて、まんまとはめられてしまった結果、人生に大きなダメージを負ってしまいます。

このような悲劇を回避するには、次のポイントをチェックすることです。

- **うまい話は向こうからやってくることはない**
- **電話勧誘はたいてい怪しい**
- ウィン・ウィンのビジネスは**お互いが対等**
- 必ず相手の**話の裏をとる**
- 計算書を示されたら**プロに調べてもらう**

ちなみに、私たちの会社は電話勧誘をしたりはしません。私の著書を読んだ人や、セミナーに参加した人たちに申し込んでもらい、個別相談をした上で話を進めています。

自分の「ゴール」を決めておく

本当のお金持ちになるというのは、なかなかむずかしいものです。

というのは、貯金や財産をたくさん持っていても、それを上手に使って人生を楽しんでいる人をあまり見かけないからです。

お金を儲けるのが上手な人は、往々にして**お金を増やすことが最大の目的**になってしまい、それに熱中してしまいがちです。そして、**稼いだお金を使うことを嫌がる**傾向になったりします。つまり、ケチです。

そういう人は、理想的な「お金持ち大家さん」とはいえません。豊かな老後を生きることよりも、お金を増やすことのほうが大事になってしまうからです。そうではなくて、自分の人生のゴール、つまり目標を定めたら、それの実現のためにお金を使うべきです。

稼いだ、または貯めたお金は上手に使ってこそ生きてきます。ただ貯め込んで預金口座の数字を増やしているだけでは、経済の発展に寄与しませんし、自分や家族が幸せになりません。

そうなるのを防ぐためには、「**お金持ち大家さんのゴール**」をしっかり決めておくことです。毎月の収入に目標額を決めてもいいでしょうし、具体的なライフスタイルでもいいと思います。

ゴールを決めたら、そこまで突っ走り、あとは悠々自適の豊かな人生を送る。それができてこそ、「お金持ち大家さんで成功した」といえるのだと思います。

「お金持ち大家さん」のホップ・ステップ・ジャンプ

私は「お金持ち大家さん」を始める条件として、「自己資金2000万円」を基本にしています。しかし、若い人で親からの支援や相続が見込めない人には、この金額は少々つらいでしょう。

そういう人には、「**ホップ・ステップ・ジャンプ**」と呼んでいる特別なコースがあります。いくつかの条件をクリアできる若い人にお勧めです。

まず、**自己資金で中古のワンルームマンションを購入**します。このとき、お金を借りてはいけません。借りると手許にほとんど残らず、利率が変動すると赤字になるからです。だいたい500万~600万円で立地条件の良い物件を買うのがポイントです。

そのマンションから上がってくる家賃は、**全額貯蓄**に回します。それだけではなく、自分たちの生活を倹約して、次の購入資金を貯めます。すると、だいたい5年くらいで最初のと同じくらいの中古マンションが買えるでしょう。

2000万円までない人の2000万円までの道については相談して下さい。当社で安全な預金の増やし方をお教えいたします。

こうなれば**家賃収入が2倍**になりますから、その次の資金を貯めるスピードがアップします。今度は2000万円を目指し、ローンを組んで1棟買うこともできるでしょう。そこから先は、通常の「お金持ち大家さん」と同じです。

この方法が使えるのは、若い人だけです。年配の人は、オーソドックスに2000万円でスタートする方法を選んでください。この方法では倹約生活が5年も10年も続きますが、それができるのは若いうちだけだと思います。

若くないが2000万円もないという人は、親に資産があれば**生前贈与**してもらう手もあります。「相続時精算課税」というもので、60歳以上の親や祖父母が20歳以上の子どもや孫に生きているうちに贈与でき、2500万円までは非課税です。

相続対策を考えた不動産投資とは

相続を前提とした「お金持ち大家さん」のやり方もあります。

その方法は、**相続の対象者の数できっちりと分けられるように、物件を持つこと**です。

私の会社の社員で、奥さんのお母さんに不動産投資をさせている人がいます。

お父さんが亡くなってお母さんには収入がないので、年金のほかに固定収入をつけようと考えたのです。

物件はアパートが2棟とワンルームマンションが2戸。なぜ2つずつかといえば、その社員の奥さんには妹がいて、**お母さんの財産を相続すべき人間が2人**だからです。

こうしておけば、将来の相続のときにもめなくて済むでしょう。姉妹でアパート1棟ずつとワンルームマンション1戸ずつを相続すればいいのですから。

この不動産投資の原資は、お母さんがかつて住んでいた都内の土地です。120坪あったので、1億4000万円で売れました。その資金でアパート2棟とワンルームマンション2戸を購入したわけです。

アパート2棟の家賃収入は35万円、ワンルームマンション2戸の家賃収入は10万円、合わせて月額45万円の固定収入が、年金のほかにお母さんに入るようになりました。家を売ったのでお母さんは賃貸住宅住まいですが、その家賃は年金で払えるので、45万円はお母さんの生活費と交際費、孫への小遣いなどに使えます。

こうして、「お金持ち大家さん」を始めたために、お母さんは**十分な老後資金と相続対策を両立**させることができました。

節税対策を考えた不動産投資とは

不動産投資で節税できるケースにはいろいろあります。簡単にまとめてみましょう。

・**所得税**　サラリーマンとして給与からの天引きで所得税を支払っている人は、不動産投資が赤字になった場合に、赤字の分だけ所得税の還付を受けることができます。これを「損益通算」といいます。

・**住民税**　右の場合、確定申告をすることで住民税を軽減することが可能です。

・**法人成り**　不動産投資による収入が大きくなった場合は、法人化することで節税ができます。個人事業主の所得税よりも法人税のほうが安くなるからです。法人をつくって法人にアパートを所有させる方法も考えられます。

・**相続税**　現金を相続する場合よりも、同額の不動産を相続するほうが相続税が安くなります。不動産投資のための法人を設立し、法人が不動産投資を行い、相続対象者を法人の役員とすることで、贈与税や相続税を節税する方法もあります。

・減価償却費

不動産経営に必要な建物や設備を、法に定められた耐用年数の期間で分割して経費計上し、不動産投資の利益から引くことができます。法定耐用年数は次の通りです。

★店舗・住宅用の木造…22年
★店舗・住宅用の木骨モルタル造…20年
★住宅用鉄筋コンクリート造…47年
★店舗・住宅・飲食店用のれんが・石・ブロック造…38年
★店舗・住宅用の金属造…19〜34年

奥さんにマンションを1棟プレゼントする

「お金持ち大家さん」で固定収入が入り、**生活が豊かになってくると、浪費を始める人がいます**。豊かな生活を送るための支出ならいいのですが、浪費はもったいないですね。

特に、奥さんがテニス教室やダンス教室、フラワーアレンジメントなどに、ほいほいとお金を使うようになると、精神の安定のためにはよくないかもしれません。

でも、そうなってしまう原因は、**ご主人だけが「お金持ち大家さん」をやっているから**です。奥さんにも固定収入の入る物件を持ってもらい、「お金持ち大家さん」になってもらえば、おそらく浪費はしなくなるでしょう。

私の知人は、そのためかどうかはわかりませんが、「お金持ち大家さん」を成功させてから**奥さんにも1棟買ってプレゼント**しました。

すると自分がオーナーになった瞬間に奥さんの浪費グセがピタリと止まり、賃貸経営に夢中になったそうです。

それまでいろいろなことにお金を使っていたのは、熱中できるものを探していたのでしょう。

それが、熱中できてお金も入ってくる「お金持ち大家さん」になったとたんに変わったということです。

その奥さんは、今では**2棟目の取得を目指して倹約に励んでいる**そうです。

家族みんなが「お金持ち大家さん」になったら、いろいろと楽しいでしょうね。

事例16

地方で賃貸物件を多数所有している大家さん。都内のアパートを購入して、猛反省

地方で賃貸物件を所有、管理している川谷さまは、今から10年ほど前に個別面談を受け、首都圏に物件を持つべきではないかと考えるようになりました。

そして実際にいくつか物件を見学し、資料も持ち帰りましたが、当時経営の実権を握っていた父親のOKがもらえず、話を進めることができませんでした。

その後、父親が引退したことで川谷さまに経営の主導権が渡り、ようやく首都圏での物件購入が可能になりました。

私たちは東京都内の新築アパートを紹介しました。駅から徒歩11分という好立地の物件です。

ご購入概要・利回り

名前・年齢	川谷さま・58歳
職業	大家業
年収	440万円
家族構成	ご本人・奥様・お子様2人(独立済)
保有資産	1億円

◆ 1棟目

購入物件	木造アパート2階建て 8室
所在地	東京都内　駅徒歩11分
購入価格	1億円

⬇

自己資金	3000万円
借入金	7000万円 (借入条件30年、金利1.3%)

家賃収入	月額50万円→年額600万円
借入返済	月額24万円→年額288万円
手取り収入	月額26万円→年額312万円
利回り	6.0% (サブリース)
自己資金運用利回り	10.4%

価格は1億円。川谷さまはこれを自己資金3000万円、借入金7000万円（借入条件30年、金利1・3％）で購入しました。

家賃収入は月額50万円（年額600万円）で借入返済が月額24万円（年額288万円）なので、差引手取り収入は月額26万円（年額312万円）となりました。

サブリースを付けての利回りは6・0％、自己資金運用利回りは10・4％です。

この成績を見て、以前に反対した父親も考えを改め、「どうして最初に勧められたときに買っておかなかったのだろう」と猛反省しているそうです。

川谷さまは現在、2棟目のアパートを検討中です。

地方以外に首都圏の物件も所有し猛反省
川谷さま（仮名）58歳　地方で賃貸物件を所有、管理
以前から首都圏に物件を持つべきと考えていたのですが、父親を説得できず…
父親が引退したことで購入に踏み切りました
駅から徒歩11分という好立地の物件はいかがですか自己資金は３０００万円で、年額３１２万円の手取り収入になりますよ
自己資金運用利回り算出の結果、10・４％になりましたね
この結果を見て、父も考えを変えましたよ

事例17

16年前に購入したアパート2棟を売却。新築アパートを購入して相続対策も実現

大津さま（仮名）は68歳の農家ですが、今から16年前に「お金持ち大家さん」を始めています。

所有している物件は埼玉新都市交通（ニューシャトル）の加茂宮駅から徒歩2分の立地にあるアパート2棟で、価格はそれぞれ4000万円と3700万円でした。

2棟からの家賃収入は月額49万円で、借入返済が月額25万円なので、差引手取り収入は月額24万円となります。

大津さまは私たちの「財産ドック」に入会されているので、資産の健康診断を受けました。その結果、今回のタイミングで資産の組み替えが有効という結論になりました。

ご購入概要・利回り

名前・年齢	大津さま・68歳
職業	農業・賃貸事業
年収	2000万円
家族構成	ご本人・奥様・お子様3人
保有資産	5億円

◆3棟目

購入物件	木造アパート2階建て
所在地	埼玉県さいたま市 「大宮」駅徒歩7分
購入価格	1億6500万円

⬇

自己資金	4500万円
借入金	1億2000万円 (借入条件25年、金利0.6%)

家賃収入	月額79万円→年額948万円
借入返済	月額36万円→年額432万円
手取り収入	月額43万円→年額516万円
利回り	5.7%(サブリース)
自己資金運用利回り	11.5%

お勧めしたプランは2棟のアパートを売却し、新しいアパートを購入して相続対策をするものです。タイミングよく、アパート投資をしたいという人が現れて、2棟とも現金で売却することができました。

新規に購入した物件は、大宮駅から徒歩7分の新築アパートです。価格は1億6500万円。自己資金4500万円、借入金1億2000万円（借入条件25年、金利0・6％）という条件でした。

この物件の家賃収入は月額79万円（年額948万円）で借入返済は月額36万円（年額432万円）なので、差引手取り収入は月額43万円（年額516万円）となりました。

借入をしてアパートを買うことで物件の相続税評価が下がり、借入のおかげで資産と借入が相殺できて、相続税が発生しません。

手取り収入が倍近くに増え、しかも相続対策もできたので、大津さまは大満足です。

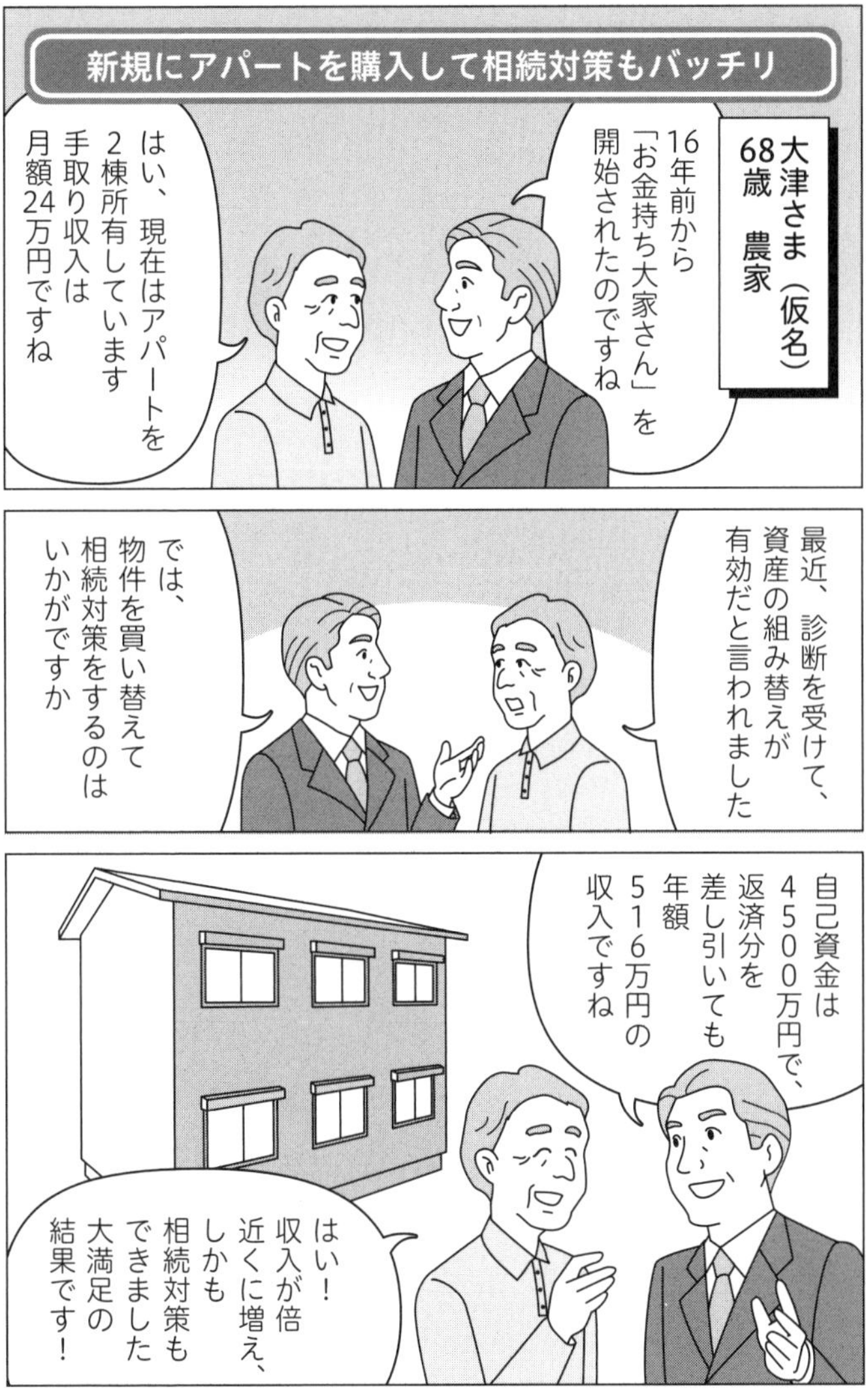
新規にアパートを購入して相続対策もバッチリ
大津さま（仮名）68歳　農家
16年前から「お金持ち大家さん」を開始されたのですね
はい、現在はアパートを2棟所有しています手取り収入は月額24万円ですね
最近、診断を受けて、資産の組み替えが有効だと言われました
では、物件を買い替えて相続対策をするのはいかがですか
自己資金は4500万円で、返済分を差し引いても年額516万円の収入ですね
はい！収入が倍近くに増え、しかも相続対策もできました大満足の結果です！

事例18

相続した1億円を不動産で運用。グループホームとアパートで手取り月収50万円

林さま（仮名）は、ＩＴ会社を経営する30代の方です。

相続した財産1億円のうち、５０００万円を使って他社でアパート経営を始めましたが、地方のため入居率が悪く、うまく運営できていないと私たちの会社に相談に来ました。

そこで私たちは、残りの５０００万円を使って、２棟の物件を購入するプランをお勧めしました。

ひとつ目は山口県の新築グループホームです。グループホームとは、認知症高齢者のための介護施設です。地方のアパートは利回りが悪いのですが、グループホームは利回りが高く、地方の物件でも売りが出るとすぐに買い手がつきます。

ご購入概要・利回り

名前・年齢	林さま・30代
職　　業	自営業
年　　収	1000万円
家族構成	ご本人
保有資産	1億円

◆1棟目

購入物件	新築グループホーム
所在地	山口県周南市 「徳山」駅からバス便
購入価格	1億5500万円

⬇

自己資金	2500万円
借入金	1億3000万円 （借入条件25年、金利1.2%）

家賃収入	月額80万円→年額960万円
借入返済	月額50万円→年額600万円
手取り収入	月額30万円→年額360万円
利回り	6.2%（介護会社の一括借上）
自己資金運用利回り	14.4%

物件の価格は1億5500万円。林さまは自己資金2500万円、借入金1億3000万円（借入条件25年、金利1・2％）でこれを購入しました。

もうひとつの物件は、私たちが東京都足立区に新築したアパートで、価格は8900万円。これを自己資金2000万円、借入金6900万円（借入条件25年、金利1・2％）で購入しました。

両方を合わせた手取り収入は、月額50万円になりました。林さまは本業も順調なので、資金を貯めて3棟目を購入する予定だそうです。

相続した資産で２棟の物件経営
林さま（仮名）
30代　ＩＴ会社経営
相続金1億円の半分を使ってアパートを経営していますが、うまくいっていません…
それでは、残りの5000万円を使って、2棟の物件を購入するプランはいかがでしょう
1棟目は、山口県にある新築グループホームが利回りが高く、おすすめですよ
2棟目は、足立区の新築アパートを購入されましたね
両方合わせて手取り収入は月額50万円！
現在は3棟目の購入が目標です

事例19

30年来の「お金持ち大家さん」のお客さま。新規購入物件を法人名義にして長男の収入アップ

新田さま（仮名）は、先代から続く30年来のお客さまです。これまでに所有されている土地にマンション３棟、木造アパート２棟を建設し、賃貸管理も任せてもらっています。１４５室がすべて満室稼働という優良物件です。

今回は建てるのではなく新築物件を購入したいというご希望でしたので、東武東上線の和光市駅徒歩６分という立地の新築アパートを紹介しました。

価格は８８００万円でしたが、新田さまは自己資金２０００万円、借入金６８００万円（借入条件25年、金利０・６％）という条件で購入しました。

ご購入概要・利回り

名前・年齢	新田さま・72歳
職　　業	賃貸事業
年　　収	1億円
家族構成	ご本人・奥様・お子様2人
保有資産	10億円

◆6棟目

購入物件	木造アパート3階建て
所在地	埼玉県和光市　「和光市」駅徒歩6分
購入価格	8800万円

⬇

自己資金	2000万円
借入金	6800万円 （借入条件25年、金利0.6%）

家賃収入	月額44万円→年額528万円
借入返済	月額24万円→年額288万円
手取り収入	月額20万円→年額240万円
利回り	6.0%（サブリース）
自己資金運用利回り	12.0%

家賃収入は月額44万円（年額528万円）で借入返済は月額24万円（年額288万円）なので、差引手取り収入は月額20万円（年額240万円）となりました。

問題となったのは購入名義で、これまで新田さまは物件を法人名義か個人名義のどちらかにして保有していました。

今回は新田さまのご長男が独身で結婚を考えているという話を聞いていたので、法人名義にしてご長男の給与にその分を回してはどうかというプランになりました。

これは偶然かもしれませんが、この処置をしたすぐ後に、ご長男に縁談が決まり、大変喜ばれたとのことです。

購入物件を法人名義にして長男の収入アップ
新田さま（仮名）
先代から続く
30年来のお客様
土地、マンションなどの
賃貸管理を任せて
いただきありがとう
ございます
お世話になっています
今回は新築物件の
購入を考えています
自己資金２０００万円で
こちらの物件の
購入はいかが
でしょう
手取りで年額
２４０万円の
収入になりますよ
名義は法人にして
長男の給与に
回しました
購入後すぐご長男の
結婚が決まったと
お聞きしました
法人名義にして
大正解ですね！

事例20

中古区分マンション7室を売却し、新築アパート1棟を購入

月野さま（仮名）は、74歳の会社役員です。2008年に中古区分マンションを7室購入しており、月額14万8000円のサブリースによる収入がありました。

総額6000万円の物件でしたが、私たちのアドバイスを聞いていただき、自己資金を2000万円入れていたので、これだけの固定収入になったのです。

ただし、中古区分所有だと管理費や修繕費など、これからいろいろお金がかかるようになります。そこで月野さまは自分の目の届く場所に新築アパートを購入したいと考えるようになりました。まず7室のマンションの売却ですが、これは購入時とほぼ同じ金額で売ることができました。

ご購入概要・利回り

名前・年齢	月野さま・74歳
職業	会社役員
年収	1000万円
家族構成	ご本人・お子様2人(独立済)
保有資産	1億円

◆1棟目

購入物件	木造アパート2階建て
所在地	埼玉県さいたま市 「西大宮」駅徒歩7分
購入価格	6500万円

⬇

自己資金	2000万円
借入金	4500万円 (借入条件25年、金利1.0%)

家賃収入	月額33万円→年額396万円
借入返済	月額17万円→年額204万円
手取り収入	月額16万円→年額192万円
利回り	6.1%(サブリース)
自己資金運用利回り	9.6%

購入する物件ですが、私たちはJR西大宮駅から徒歩7分の新築アパートをお勧めしました。価格は6500万円です。

月野さまはこれを自己資金2000万円、借入金4500万円（借入条件25年、金利1・0％）の条件で購入しました。

サブリースを付けた後の家賃収入は月額33万円（年額396万円）、借入返済が月額17万円（年額204万円）なので、差引手取り収入は月額16万円（年額192万円）となりました。

サブリース利回り6・1％、自己資金運用利回り9・6％という結果に、月野さまは大変満足しているそうです。

区分マンション売却、新築アパート購入で大満足
月野さま（仮名）
74歳　会社役員
中古区分マンションを7室所有していましたが管理費や修繕費などがかかってしまうので新築アパートの購入を考えています
まずは所有されている物件を売却しましょう
自己資金2000万円で購入されるのがおすすめです 手取りで月額16万円の収入になりますよ
マンションは購入時とほぼ同額で売却できましたし、自己資金運用利回り9・6％は好成績ですね
はい！大満足です！

コラム 4

賃貸住宅の入居者は この条件をチェックして物件を選ぶ

素人が賃貸物件選びで失敗してしまう理由は、入居者の気持ちになって物件を見ていないからです。では、実際のところ、賃貸住宅の入居者はどんな条件で物件選びをしているのでしょうか。それは、次の順番です。

①家賃は適正か
②立地条件はどうか
③デザインは好みか
④広さは十分か
⑤設備は満足できるか

だから、これらの条件を満たす物件かどうかを見れば、購入すべきかどうかが判断できるというわけです。

第5章

「お金持ち大家さん」で成功した人たち

キーワードは「サブリース」

「お金持ち大家さん」で安定した固定収入を得るためには、良いパートナーと巡り合い、良い物件を紹介してもらい、それを購入する必要がありますが、それだけでは足りません。**「家賃保証」と「管理委託」を付けて物件を運用すること**で、はじめて成功したといえるのです。

この「家賃保証」は、**別名「サブリース」といいます**。サブリースとは英語で「又貸し」のことです。管理会社が大家さんから1棟まるごと借りて、入居者に又貸しすることがサブリースであり、家賃保証です。

管理会社は借りた金額よりも高い家賃で入居者に貸すことで、利益を得ます。その代わり、入居者がいなくても大家さんへの家賃の支払いが生じます。このため、大家さんは毎月定額の家賃収入を得ることができるわけです。

サブリースを組まないと、**大家さんが自分で入居者を探し、さまざまなトラブルに対応しなければなりません**。家賃の滞納や設備の不具合などに1日24時間、1年365日付き合う必要があるので、賃貸住宅の管理に慣れた人でないとノイローゼになってしまうかもしれません。

でも、サブリースを組んでいれば、そのような苦労とは無縁です。管理会社の手数料分だけ家賃収入が減りますが、その分を経費として割り切れば、物件が遠隔地にあっても問題ありません。

ただし、**常に満室が見込める物件でないと、管理会社はサブリースを組んでくれません**。だからこそ、立地が良くて適正家賃でも利回りの高い物件を選ぶことが重要になるわけです。

信頼できるパートナーを信じて任せること

よく聞かれることがあります。

なぜ私たちがお手伝いしている「お金持ち大家さん」はみな成功しているのに、他の不動産会社に紹介された物件を買った人はなかなか成功しないのか。

それは、簡単に答えれば「私たちには**確実に利回りが得られる物件かどうかの目利きができるから**」ということです。

もうひとつの理由を挙げると、営業の目標の違いがあります。私たちは**お客さまが「お金持ち大家さん」で成功してもらうことを目標に活動**していますが、多くの不動産会社は販売実績を上げることが目標になっています。それでは物件を購入したお客さまが運用で儲けられるかどうかは二の次になってしまいます。

「お金持ち大家さん」を成功させるためには、本書でここまでに挙げてきたように、いくつものポイントがあります。その中でも**最重要のポイントは、「パートナー選び」**であると私は思っています。そこを外してしまうと、その他のポイントをどんなにがんばっても、成功する確率はかぎりなく低くなってしまうでしょう。

どんな条件でパートナーを選べばいいかについては、第3章で最低条件を示しました。まずはそれらの条件をクリアしているかどうかをチェックしてください。クリアできていない業者が接近してきた場合は、勇気を持ってお断りしましょう。

さらに、その業者が**「全国賃貸管理ビジネス協会」の会員であるかどうか**も重要なポイントです。この団体は賃貸業界最大の規模を持ち、全国に1800の会員企業ネットワークがあります。

ちなみに、私はそこの会長も務めています。

不動産投資が株式投資に勝る理由

これもよく寄せられる質問ですが、「不動産投資と株式投資、どちらがいいですか？」というものがあります。その答えは、**豊かな老後生活を送るための個人年金目的であれば、迷うことなく不動産投資**、それも「お金持ち大家さん」です。

私自身も株式投資の経験がありますが、**株は自分の生活を託す運用法にはなりえない**と思います。なぜなら、安定した収入をもたらしてくれないからです。

値上がりしそうな銘柄を長期間保有して、目標額まで値上がりしたら売るというような運用方法ならいいでしょうが、「毎月これだけほしい」といった定期収入目的には向きません。

論より証拠の実例をお話ししましょう。

私の会社のお客さまには、証券会社の役員やファンドマネージャーが何人もいます。株式投資のほうが不動産投資よりも儲かるなら、そんなことにはならないはずです。

あるとき、私のところに証券マンが仕事でやってきました。雑談をする中で、私は「お金持ち大家さん」の話をしました。すると、彼は目を輝かせて話に食いついてくるのです。

彼が言うには、株は儲かるときは2倍、3倍、あるいはそれ以上になることもあるようですが、やられるときにはごっそり損をするそうです。だから、安定した高利回りで運用できる投資案件があるなら、ある程度の資産をそちらで回したいと言っていました。

彼は1億円の資金を持っていたので、私はそれに見合う物件を紹介しました。**表面利回りが7％なので、年に700万円の定期収入**ができました。月収にすると58万円のプラスです。これがあれば、強気の株式投資ができるでしょう。

お金儲けよりも「豊かな老後生活」を目指す

「お金持ち大家さん」というネーミングで誤解する人もいるので、ここではっきりさせておきますが、**「お金持ち大家さん」はお金儲けのテクニックではありません。**あくまでも豊かな老後生活を送るための方法のひとつです。

「お金持ち大家さん」の特長は、結果として毎月の定期収入が確保されることです。そこがほかのお金儲けの手段と違うところです。

逆に言うと、**「お金持ち大家さん」の場合、「大儲け」ということがありません。**購入した物件からもたらされる家賃収入が定期的に入り続けるだけです。

お金儲けを目的にするなら、「お金持ち大家さん」は向きません。もちろん、２棟目、３棟目と買い足していけばかなりの額の定期収入になりますが、利殖を目的にしてしまうと、稼いだお金を使うのがもったいなくなり、**本来の目的である「豊かな老後生活」からかけ離れてしまいます。**

「お金持ち大家さん」は、あくまでも「年金だけで老後生活を送るのは心細い」という人のための個人年金構築プランです。その目的にかぎっていえば、これほど安全で高利回りの方法はほかにないと思います。

本書の冒頭でも書きましたが、老後生活でお金が心細いことほど寂しいことはありません。月にあと20万円の定期収入がありさえすれば、その心細さはがらりと変わります。**「長生きしてよかった」と心から思える、豊かな生活を楽しむことができる**でしょう。

「お金持ち大家さん」は、そのために活用していただきたいシステムです。

わが社の役員も「お金持ち大家さん」です

株式投資や先物取引などの資産運用を勧める営業担当者がよくお客さまから言われるのが、**「そんなに儲かるなら、自分でやれば」**ということです。

たしかに、「儲かる、儲かる」と言われると、「なぜ自分でやらないの?」と思われてしまいますね。

でも、私の会社は違います。**私を筆頭に、役員はみんな「お金持ち大家さん」の実践者**だからです。

一番物件を保有しているのは私ですが、それはいろいろな条件でテストするために、自分を人身御供にしている面があるからです。

「こういう条件で、こういうことをしたらどうなるか」というアイデアを思いついたとき、まさかお客さまに勧める物件でテストするわけにはいきませんから、私が自腹で物件を購入し、試してみるわけです。

私以外の役員たちには、テストではなくご褒美として「お金持ち大家さん」になることを許可しています。もちろん、自由に購入させると、お客さまそっちのけで好条件の物件を社員が占有してしまいかねませんから、**私の許可がなければ買うことはできません。**

役員の「お金持ち大家さん」第1号は、私の大学時代の同級生で、取締役工事部長を任せていた人物です。入社以来資金をコツコツと貯め、二十数年で2000万円に達したため、購入を許可しました。

彼は家賃収入から借入金の返済を引いた分を使わずに貯めていました。2棟目の資金にするためです。そうやって定年までに3棟持つ計画を進めましたが、**これによりお客さまに説得力のある営業ができました。**

銀行から借りられなくても方法はある？

魅力たっぷりの「お金持ち大家さん」ですが、**自己資金を２０００万円貯めなければならない**というネックがあります。これについては、「がんばってください」としか言えません。

じつはもうひとつネックがあり、それは「**ローンが組めること**」です。「お金持ち大家さん」の典型的な１棟目購入パターンは「自己資金２０００万円＋借入金４０００万円で築10年〜20年の中古アパートを購入」というものですが、銀行でローンを断られてしまうと、そのパターンが絵に描いた餅になってしまいます。

公務員や大企業の社員であれば、まず問題なくローンが組めますが、自営業の人やパート、アルバイトの人は銀行に行っても簡単にはＯＫがもらえないかもしれません。夫婦で年収４００万円の人も、むずかしいかもしれません。

では、そういう人は「お金持ち大家さん」をあきらめるしかないのでしょうか。それはちょっと悲しすぎますね。

そういう人のための**救済策は、「相続」**です。親の財産を相続するのを待つか、生前贈与してもらって「お金持ち大家さん」の資金にするのです。するとそれが2棟目を購入するときの担保になりますから、通常の「お金持ち大家さん」のコースに乗ることができます。

また、**自宅の土地を売却**して、「お金持ち大家さん」の資金にする方法もあります。お金を生まない土地を、お金を生む土地に変えるテクニックです。

私たちはいろいろな手段を知っていますので、どうぞ気軽に相談してください。

「お金持ち大家さん」の威力

銀行ローンが組めない人でも、ある程度のまとまった資金があれば、「お金持ち大家さん」が始められます。そして、2棟目、3棟目を持って十分な定期収入に育て上げることが可能なのです。その実例をひとつ挙げましょう。

ある女性は、ご主人を交通事故で亡くされ、月額8万円のパート収入で母子家庭を支えていました。実家に住んでいたので、何とか生活できているという状態でした。

この人が私の「お金持ち大家さん」の話をどこかで聞きつけ、自分もやってみたいと相談に見えたのです。

ご主人の生命保険金5000万円は手をつけずに置いてあったので、私はそれを資金にして築20年、3200万円の物件を買うように勧めました。年額100万円のパート収入では、ローンが組めないからです。その物件からの家賃収入が年額300万円になったので、**パート収入と合算して年収400万円として確定申告をするように**アドバイスしました。

これで銀行ローンが組めるようになったので、生命保険金の残りと家賃収入を頭金にして、1500万円を借り、3500万円の物件を購入しました。ローン返済を引いて毎月36万円の家賃収入になります。

そのうちに1500万円の資金が貯まったので、2000万円を借り入れ、3500万円で3棟目を購入しました。これが表面利回り12%という好条件だったので、家賃収入の手取りが毎月20万円。

こうして、**家賃収入の合算が手取りで56万円**となり、パートを辞めても生活ができるようになりました。

もしも「お金持ち大家さん」を始めていなければ、5000万円の銀行預金を抱えているだけで、月額8万円の先の見えない暮らしを続けていたことになります。

利回りと土地の値上がりのダブルで儲けるために持ち続ける

「お金持ち大家さん」のいいところは、必ず**最後に土地が残る**点です。特にアパートやマンションを1棟、あるいは一戸建てを購入した場合は、建物が古くなって賃貸物件として使えなくなったとしても、建物を取り壊して更地にすれば、土地が財産として活用できます。

その土地を子どもに遺産として残してもいいし、新たな物件を建てて家賃収入を得てもいい。売却して他の物件を購入するのでもいい。どうするかは、オーナーの自由です。

家賃収入が得られなくなっても土地が財産として残るのは、建物は経年変化で劣化していきますが、**土地は何十年経っても減損しない**ためです。

中古の建物を購入したら、まずリフォームし、それから10年ごとにリフォームを繰り返さなければなりません。そして築40年くらいになると建て替えが必要になります。

私たちが「お金持ち大家さん」用にお勧めする物件は、土地の値段が上がり続けます。**入居者が途切れない立地ということは、魅力的な土地でもある**からです。

たとえば親が「お金持ち大家さん」をやって最後に残った土地を子どもに譲ったとします。すると子どもはその土地を元手にして「お金持ち大家さん」が始められます。自己資金2000万円をがんばって貯めなくても、若いうちから十分な定期収入が得られるようになるでしょう。

「お金持ち大家さん」のおもしろさは、それが受け継がれていくことです。親が始めていれば、子どもはその2倍、孫は4倍の規模で続けていくことが可能になります。

事例21

利回りの低い貸家を売却して新築アパートを購入。サブリースを付けて手取り収入5割アップ

木澤さま(仮名)は70歳の専業主婦。8年前にご主人が亡くなったので、自宅の向かいにあった中古住宅を息子さん用に購入しましたが、息子さんがドイツに転勤したために貸家として運用していました。

しかし運用実績は表面利回りが3・8%と満足できるものではなく、木澤さまはこの中古住宅を売却して、代わりに私たちの会社で建設した新築アパートを購入することにしました。

物件は千葉県流山市の南流山駅から徒歩12分の立地にある木造2階建てアパートで、価格は6000万円でした。

ご購入概要・利回り

名前・年齢	木澤さま・70歳
職　　業	専業主婦
年　　収	年金のみ
家族構成	ご本人・お子様2人
保有資産	自宅・自宅向かいの中古戸建

◆1棟目

購入物件	木造アパート2階建て
所在地	千葉県流山市 「南流山」駅徒歩12分
購入価格	6000万円

⬇

自己資金	4700万円
借入金	1300万円 （借入条件20年、金利1.2%）

家賃収入	月額32万円→年額384万円
借入返済	月額6万円→年額72万円
手取り収入	月額26万円→年額312万円
利回り	6.4%（サブリース）
自己資金運用利回り	6.6%

木澤さまは専業主婦のために融資付けが厳しく、自己資金4700万円、借入金1300万円（借入条件20年、金利1・2％）でこれを購入しました。

サブリースを付けた後の家賃収入は月額32万円（年額384万円）で借入返済は月額6万円（年額72万円）のため、差引手取り収入は月額26万円（年額312万円）となりました。

サブリース利回り6・4％、自己資金運用利回り6・6％という運用成績です。

従来の貸家収入から5割収入がアップしましたが、メリットはそれだけではありません。

貸家は入居者が1人なので、退去されるとたちまち家賃収入がゼロになってしまいますが、新築アパートはサブリースが付けやすいので、毎月一定の家賃収入が保証されます。

サブリースによる定額収入の確保が、「お金持ち大家さん」の基本なのです。

サブリースを付けて手取り収入５割アップ
木澤さま（仮名）
70歳　専業主婦
中古住宅を息子用に購入したのですが、息子が転勤したので貸家として運用中です
でも、利回り3・8%と低くて…売却して新築アパートの購入を決めました
木澤さまは専業主婦ですので融資付けが厳しく…自己資金が4700万円、借入金1300万円で購入するのはいかがですか
以前と比べて5割収入アップです！
貸家は退去されると収入がゼロになりますが、アパートはサブリースにより、一定の家賃収入が保証されますね

事例22

登山家の活動を支えるために「お金持ち大家さん」を開始。預貯金を減らさず心にゆとりが生まれた

松下さま（仮名）は、大手金融機関を早期退職して登山家になる夢を実現した62歳の男性です。登山にはお金がかかり、エベレストだと1回あたり1000万円、国内の山でも場所や季節によっては50万～60万円の費用が必要です。

それだけではなく、日々のトレーニングや身体づくりでもお金は消えていきます。

松下さまは退職金と預貯金で1億円の現金をお持ちでしたが、そのままではどんどん預貯金が目減りしてしまいます。それでは登山に集中して打ち込むこともできないでしょう。

そこで私たちは、自分の時間が自由に使えて定期収入も実現できる「お金持ち大家さん」をお勧めしました。

ご購入概要・利回り

名前・年齢	松下さま・62歳
職業	登山家
年収	0円(家賃収入のみ)
家族構成	ご本人
保有資産	1億円

◆ 1棟目

購入物件	木造アパート2階建て
所在地	千葉県松戸市 「松戸」駅徒歩12分
購入価格	5500万円

⬇

自己資金	2100万円
借入金	3400万円 (借入条件20年固定、金利1.2%)

家賃収入	月額31万円→年額372万円
借入返済	月額16万円→年額192万円
手取り収入	月額15万円→年額180万円
利回り	6.8% (サブリース)
自己資金運用利回り	8.6%

私たちがお勧めした物件は、千葉県の松戸駅から徒歩12分の立地にある自社物件で、5500万円の木造2階建てアパートです。

松下さまは自己資金2100万円、借入金3400万円（借入条件20年、金利1・2％）でこの物件を購入しました。通常は都市銀行から借り入れるのですが、早期退職していることから融資を受けるのが困難で、日本政策金融公庫からの借入になりました。

この物件の家賃収入は、サブリースを付けた後で月額31万円（年額372万円）、借入返済が月額16万円（年額192万円）なので、差引手取り収入は月額15万円（年額180万円）となりました。

サブリース利回りは6・8％、自己資金運用利回りは8・6％です。

ここから発生する安定した家賃収入が心のゆとりとなり、松下さまの登山活動を支えていきます。「お金持ち大家さん」は、オーナーの夢や活動を応援するシステムなのです。

安定した収入を得て、自由な時間を確保
松下さま（仮名）62歳　登山家（大手金融機関を早期退職）
1億円の現金を有効活用して、登山に打ち込みたいのですが…
自由な時間が生まれ、定期収入も実現できる「お金持ち大家さん」になりましょう！
早期退職のため融資を受けることがむずかしいですね日本政策金融公庫から3400万円を借り入れて購入しましょう
手取りで年額1800万円の収入ですね
はい！心にゆとりが生まれ登山活動にも集中できます！

事例23

離婚した娘の将来を安定させるため、自宅を売却して複数物件を所有

山下さま（仮名）は、76歳の主婦。81歳のご主人と、離婚して実家に戻ってきた48歳の長女との3人暮らしです。

ご夫婦の悩みは、自分たちがいなくなってからの娘の生活。何とかして収入を確保してあげたいと考えるものの、都内の高級住宅街にある自宅以外にはほとんど資産がないため、自己資金を元にして収益物件を購入することができません。

そこで私たちがお勧めしたプランは、自宅を売却して資金を作り、十分な定期収入の得られる賃貸物件を複数所有すること。幸いにして、1億9000万円で自宅を売却することができました。

ご購入概要・利回り

名前・年齢	山下さま・76歳
職　　業	専業主婦
年　　収	0円
家族構成	ご本人・ご主人・お子様1人
保有資産	1億9000万円(自宅売却益)

◆ 1・2棟目

購入物件	木造戸建 2階建て
所 在 地	沖縄県
購入価格	4500万円＋4500万円＝9000万円

⬇

自己資金	9000万円(現金)
借 入 金	なし

家賃収入	月額66万円→年額792万円
借入返済	月額 0円→年額 0円
手取り収入	月額66万円→年額792万円
自己資金運用利回り	8.8%

次に購入すべき物件ですが、戸建賃貸2戸と、新築アパート1棟の組み合わせをお勧めしました。戸建賃貸住宅は沖縄県にあるアメリカ人向け住宅です。すでに入居者があり、家賃収入が2戸で月額66万円（年額792万円）もありました。表面利回りは8・8％です。価格は2戸で9000万円でしたが、これを現金で一括購入しました。

アパートは松戸駅から徒歩10分の新築アパートです。価格は6460万円。自己資金を3860万円入れて、残額の2600万円を日本政策金融公庫から22年返済で借り入れました。

こちらは家賃収入が月額34万円（年額408万円）で、借入返済が月額11万円（年額132万円）なので、差引手取り収入は月額23万円（年額276万円）となりました。

合算すると、手取り収入は月額約89万円（年額1068万円）です。これなら娘さんは一生安泰でしょう。

自宅を売却、複数物件を所有して、安定収入
山下さま（仮名）
76歳 主婦
離婚後、実家に戻ってきた娘の将来が心配です…
自宅以外の資産がないので、自己資金での購入は難しいですが、別のプランがありますよ
自宅を売却して資金を作り、十分な定期収入を得られる賃貸物件を複数所有してみませんか
合算すると手取り収入は年額1068万円になりますね！
娘の将来も安泰です！ありがとうございます！

事例24

父親を見習って「お金持ち大家さん」を希望。好立地の物件を購入して自己資金運用利回り11・5％を実現

安藤さま（仮名）には、80代で農業をしている父親がいます。

父親は広大な農地を所有しているため、相続対策として以前から保有している土地にアパートを建てていましたが、次第に空室率が高くなってきたため、最近では私たちの物件を購入するようになりました。

安藤さまはそんな父親を見ていて、自分もいつかは「お金持ち大家さん」を目指そうと思うようになりました。サラリーマンをしていて、現在の生活は農家より安定しているものの、退職後の生活が不安だったのです。

ご購入概要・利回り

名前・年齢	安藤さま・55歳
職業	会社員
年収	800万円
家族構成	ご本人・奥様・お子様2人
保有資産	3000万円

◆ 1棟目

購入物件	木造アパート2階建て ワンルーム10世帯
所在地	埼玉県さいたま市 「西大宮」駅徒歩10分
購入価格	1億300万円

⬇

自己資金	2300万円
借入金	8000万円 （借入条件25年、金利1.0%）

家賃収入	月額52万円→年額624万円
借入返済	月額30万円→年額360万円
手取り収入	月額22万円→年額264万円
利回り	6.1%（サブリース）
自己資金運用利回り	11.5%

安藤さまは自己資金2300万円が貯まった時点でアパート購入を私たちに申し込まれました。私たちがお勧めした物件は、さいたま市内にある駅から徒歩10分の新築木造2階建てアパートです。価格は1億300万円でした。

安藤さまは自己資金2300万円を頭金にして、銀行から8000万円を借り入れ、これを購入しました。サブリースを付けた後の家賃収入は月額52万円(年額624万円)で借入返済が月額30万円(年額360万円)のため、差引手取り収入は月額22万円(年額264万円)となりました。

サブリース利回りは6・1%、自己資金運用利回りは11・5%になります。

安藤さまは5年後に2棟目を購入するため、今はひたすら自己資金を貯めることにいそしんでおられます。

好立地の物件購入で自己資金運用利回り11.5%を実現
安藤さま（仮名）55歳　会社員
父親は広大な農地を所有しているので、相続対策としてアパート経営をしていました
そんな父親を見て、「お金持ち大家さん」を目指そうと思ったのです
自己資金2300万円を頭金に、銀行から8000万円を借り入れて購入するのはいかがでしょう
年額264万円の手取り収入は素晴らしい成果ですね
はい！ 今は、2棟目の購入に向けて貯金をがんばっています

事例25

30代の息子のためにアパート経営を決意。ワンルームアパート1棟を購入して定期収入を確保

山田さま（仮名）は、71歳の会社員で、奥様もパート収入があり、夫婦のことは心配ない様子です。しかし同居している30代の息子さんのことが心配で、定期収入を確保するためにアパート経営を決意されました。

私たちは建設中の新築物件を3つ紹介しましたが、山田さまはその中でも自宅から近く、商業施設の充実している西大宮駅徒歩8分の新築ワンルームアパートの購入を望まれました。

価格は8500万円でしたが、山田さまは自己資金2000万円を家族3人で用意し、残りの6500万円は借入金でまかないました（借入条件25年、金利1・0％）。

ご購入概要・利回り

名前・年齢	山田さま・71歳
職業	会社員
年収	800万円
家族構成	ご本人・奥様・お子様1人
保有資産	約7000万円

◆1棟目

購入物件	木造アパート2階建て
所在地	埼玉県さいたま市 「西大宮」駅徒歩8分
購入価格	8500万円

⬇

自己資金	2000万円
借入金	6500万円 (借入条件25年、金利1.0%)

家賃収入	月額49万円→年額588万円
借入返済	月額24万円→年額288万円
手取り収入	月額25万円→年額300万円
利回り	6.9%(サブリース)
自己資金運用利回り	15.0%

この物件のサブリースを付けた後の家賃収入は月額49万円(年額588万円)で、借入返済は月額24万円(年額288万円)なので、差引手取り収入は月額25万円(年額300万円)となりました。

サブリース利回りは6・9%、自己資金運用利回りは15・0%です。

アパート１棟購入して定期収入を確保
山田さま（仮名）
71歳　会社員
同居している息子の将来が心配で、定期収入を確保したいのですが…
その不安は「お金持ち大家さん」で解消しましょう
自己資金2000万円を家族3人で用意して、購入することにしました
手取りで年額300万円の収入になりますね
息子のためにアパート経営を始めて正解でした

【重要】「家族信託」で相続のトラブルを回避する

相続で一番大事なのは、相続財産をいかに家族間のトラブルなしで分割するかということです。特に、不動産の棟数が増えてくると、兄弟間でのトラブルの原因になりかねません。

そこで私がおすすめするのが「家族信託」です。元気なうちに「家族信託」を組めば、家族の形やご自身の希望に沿ったオーダーメイドのプランを実現できます。

図のように、お子様に収益物件などの財産を信託するとしましょう。

これで次のようなプランを組むことができます。

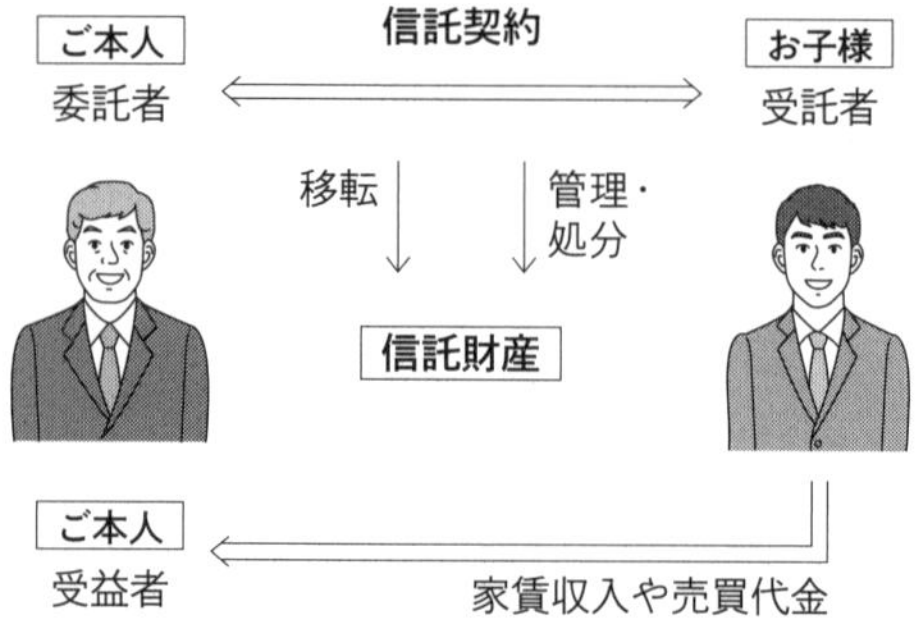

○家賃収入はそのまま、管理をお任せ

生前贈与してしまうと、今まで受け取っていた家賃収入も手元に入らなくなってしまいます。「家族信託」では利益を受け取る方（受益者）をご自身に設定すれば、家賃収入や物件の売買代金は変わらずご自身が受け取ることができます。

○認知症になってしまったとき

どんなに資産を持っていても、認知症になってしまうとご自身では資産の管理や処分ができません。成年後見人制度にもさまざまな制約があります。認知症になる前に「家族信託」を組んでいれば、家賃収入をご自身の生活費にあてることができます。

○孫の代まで相続対策

「家族信託」での受託者とは関係なく、遺言で物件の相続人を決められます。遺言だけでは物件を相続した「その後」までは決めることができません。「家族信託」を組んで二次相続の対策まで行えば、孫の代まで家賃収入の恩恵を残すことができます。

家族信託のやり方は人によってさまざまです。もし家族信託に興味がおありでしたら、この本の最後に記した当社ホームページやお問い合わせアドレスにご連絡ください。

コラム5

すべての条件を満たす物件はなかなか存在しない

まじめな人ほど、すべての条件を満たす物件を見つけようとして探し回りますが、玄人《くろうと》である私たちから言わせると、それは時間のムダです。

立地や外観、価格、築年数、間取りなどのすべてが理想に合った物件など存在しないからです。あるいは存在したとしても希少物件なので、見つかるまでに時間がかかります。

「お金持ち大家さん」を始めるなら、条件よりも収益性を優先しましょう。諸条件が整った物件は売り手も強気ですから、安く買うことができません。高い値段で買えば利回りが低くなりますから、個人年金づくりには向きません。

たとえ条件が悪くても、収益性が高ければ、買ったほうがいい場合もあります。迷ったら、ぜひ私たちに相談してください。

おわりに

世界に冠たる長寿国の日本ですが、どんなに健康寿命が延びても、生活のための資金が心もとないのでは困ります。仙人でない生身の老人は、霞《かすみ》を食べて生きていくわけにはいきませんし、現代人の考える「豊かな生活」には、ある程度のお金が必要だからです。

私は、健康な高齢者の夫婦が豊かさを感じることのできる年収を「500万円以上」とみています。公的年金だけでその金額を得る人は少ないでしょうから、ほかの人たちは貯蓄や資産を取り崩さないと、豊かさを満喫した老後生活を送ることは不可能ということになります。

それでは多くの人たちが不幸になると思ったので、私は「お金持ち大家さん」を世に広めることにしました。実際に私や私の会社の役員たちが「お金持ち大家さん」を実践して何棟もの賃貸住宅を所有し、満足できる収入を得ていることが、何よりも説得力のあるセールスプロモーションになっています。

これからも、日本の経済成長を支えてきた企業戦士たちのリタイヤが続いていきます。彼らの老後資金は果たして十分なのか。私は日々、そのことばかりを心配しています。

最後に、私からのアドバイスをひとつ申し上げます。

相続のことを考え始めたら、第5章の最後でも紹介した「家族信託」を少し勉強するとよろしいかと思います。家族信託はご自身の財産を配偶者や子ども、親族に委ねることです。これによって、生存中はご自身で財産を自由にすることができます。

「お金持ち大家さん」で、アパート、テナント物件など、多くの不動産を持って家賃収入がたくさん入ると、ゆとりある優雅な生活が送れます。

コロナがおさまれば、海外でも国内でも、行きたい場所に行くことができて、旅先でのおいしい食事も堪能できるでしょう。

「お金持ち大家さん」は、素晴らしい人生を送るための、最高の方法なのです。

さらに、所有しているアパート、マンションは、将来、子どもや孫に、大きな資産として相続させることができます。子どもや孫に「お金持ち大家さん」を継承させることができるのです。

「お金持ち大家さん」は子孫に将来の夢と希望を持たせる大事な事業です。このことを頭において、「お金持ち大家さん」を事業として考えてみてはいかがでしょうか。

本書をお読みになって、「自分もやりたい！」と思われた方や、疑問点や質問したいことが出てきた方は、ぜひ三光ソフランホールディングスのホームページをご参照ください。きっと、あなたの人生が好転すると思います。

ブックデザイン　ひでみ企画
イラスト　ひでみ企画
編集協力　山崎修（悠々社）

【著者紹介】

高橋誠一（たかはし・せいいち）

三光ソフランホールディングス株式会社 代表取締役社長／三光ソフラン株式会社 代表取締役会長／全国賃貸管理ビジネス協会 会長／全国賃貸住宅経営者政治連盟 会長／公益社団法人全国賃貸住宅経営者協会連合会 副会長／APAMAN株式会社 相談役／株式会社アップル 代表取締役会長／株式会社KACHIAL 代表取締役会長／株式会社アミックス 代表取締役会長。

1945（昭和20）年5月28日生まれ。1969（昭和44）年、東京電機大学卒業。家業の米穀業を1店舗から43店舗にし、埼玉一の米屋になる。1975（昭和50）年、三光不動産株式会社（現・三光ソフラン株式会社）の運営を開始し、以来、代表取締役を務める。一貫して、資産（土地・建物）の有効活用に関するコンサルティング業務・不動産の賃貸および管理業務・個人年金づくりのコンサルティングなどを手がける。2004（平成16）年、不動産事業の振興に多大な貢献をし、関係団体の役員として業界の発展に寄与したため、「国土交通大臣表彰」受彰。2006（平成18）年、建設・不動産・賃貸管理・介護事業の功績により、「黄綬褒章」受章。2016（平成28）年、第一線で業務に精励し、他の模範となるような技術や実績を有する功績者として、「旭日双光章」受章。

主な著書に『「金持ち大家さん」になろう！』『「お金持ち大家さん」への道』『だれでもなれる「お金持ち大家さん」』（以上、PHP研究所）などがある。

三光ソフランホールディングス株式会社
https://www.sanko-soflan-hd.com/

お金持ち大家さんHP
http://www.kanemochi-ooyasan.com

お問い合わせ
info@kanemochi-ooyasan.com

一生安心「お金持ち大家さん」

2021年10月5日　第1版第1刷発行

著　者　高　橋　誠　一
発行者　村　上　雅　基
発行所　株式会社PHP研究所
京都本部　〒601-8411 京都市南区西九条北ノ内町11
　　　マネジメント出版部　☎075-681-4437(編集)
東京本部　〒135-8137 江東区豊洲5-6-52
　　　普及部　☎03-3520-9630(販売)
PHP INTERFACE　https://www.php.co.jp/

組　版　株式会社ひでみ企画
印刷所　図書印刷株式会社
製本所　株式会社大進堂

ISBN978-4-569-85049-8